MW01706778

Irrésistibles bagues de perles

Volume 2

Dessain et Tolra

Remerciements

L'éditeur remercie particulièrement l'équipe de Tout à Loisirs pour son aide, ses conseils et pour la fourniture du matériel ayant servi et à la réalisation des modèles de ce livre ; il remercie également l'Atelier végétal pour la mise à disposition des plantes et fleurs ayant servi aux photographies, et la mercerie Bouveret à Coulommiers.

ADRESSES

TOUT À LOISIRS
50, rue des Archives
75004 Paris

et vente par correspondance
Tél. : 01 48 87 08 87

Et aussi à Grenoble :
Accès-soir
7, rue Jean-Jacques Rousseau
38000 Grenoble
Tél. : 04 76 63 01 19

L'ATELIER VÉGÉTAL
1 bis, rue des Abbesses
75018 Paris
Tél. : 01 42 55 75 42

LOISIRS ET CRÉATION
Liste des points de vente
au 01 41 80 64 00

LA DROGUERIE
9-11, rue du Jour
75001 Paris
Tél. : 01 45 08 93 27

Direction éditoriale : Meriem Varone
Édition : Martine Rousso
Relecture : Edith Zha
Mise en pages : pakenko
Illustrations : Patricia Ferreira
Photographies : Studio Paradis,
sauf pages 5 et 6 (Cactus Studio et Olivier Ploton)
Stylisme : Lélia Deshayes
Couverture : pakenko - Véronique Laporte
Coordination technique : Anne Raynaud
Photogravure : Arts graphiques du Centre

© Dessain et Tolra/Larousse 2005
Dépôt légal : avril 2005
ISBN : 2-295-00019-X

Les modèles de ce livre sont des créations originales de :
- Patricia Ducerf (pp. 10-11, 12-13, 16-17, 20-23, 24-25, 30-33, 48-51 et pp. 57 à 63)
- Florence Le Maux (pp. 18-19, 26-27, 34-35, 40-41, 42-43, 46-47, 52-53, 54-55)
- Marguerite Boiteux (pp. 14-15, 36-39)
- L'équipe de Tout à Loisirs (pp. 28-29, 44-45)

Ils ne peuvent en aucun cas être reproduits à des fins d'exposition ou de vente.

« Toute représentation ou reproduction, intégrale ou partielle, faite sans le consentement de l'auteur, ou de ses ayants droit, ou ayants cause, est illicite » (article L.122-4 du Code de la propriété intellectuelle). Cette représentation ou reproduction, par quelque procédé que ce soit, constituerait une contrefaçon sanctionnée par l'article L.335-2 du Code de la propriété intellectuelle. Le Code de la propriété intellectuelle n'autorise, aux termes de l'article L.122-5, que les copies ou les reproductions strictement réservées à l'usage privé du copiste et non destinées à une utilisation collective, d'une part, et, d'autre part, que les analyses et les courtes citations dans un but d'exemple et d'illustration.

Sommaire

Définition des symboles

★
Débutant

★★
Moyen

★★★
Confirmé

QUATRE CRÉATEURS, QUATRE STYLES

Des modèles inédits imaginés par des stylistes de talent.

Patricia Ducerf explore toutes les possibilités du cristal et crée des bijoux chatoyants pour adultes et enfants. Elle joue avec les reflets, les transparences et les harmonies de couleurs pour réaliser des bagues lumineuses.

Florence Le Maux s'inspire du monde végétal pour réaliser des modèles raffinés, aux couleurs douces et aux lignes fluides. La nature lui offre formes et couleurs qu'elle apprivoise tout en épure.

Marguerite Boiteux réinvente le baroque et crée des modèles-joyaux à la fois modernes et intemporels. Strass, perles transparentes, pierres de lune composent des bijoux étincelants à porter sans modération.

L'équipe de **Tout à Loisirs,** inspirée par les bijoux et les perles du monde entier, est un véritable laboratoire d'idées. Elle explore pour nous la magie des perles de lustre aux reflets irisés de mille feux.

MATÉRIEL

QUEL FIL CHOISIR ?

Selon le fil choisi, l'aspect de la bague sera différent : plutôt souple avec du fil de nylon et plutôt rigide avec du fil métallique, qui permet aussi de donner une forme à votre bague.

Les fils de nylon
Coloré ou transparent, le fil de nylon est calibré de 0,22 mm à 0,35 mm (épaisseur du fil). Celui de 0,25 mm de couleur transparente est majoritairement utilisé dans la conception des bagues car il permet de nombreux passages dans les mêmes perles et ne se voit pas. N'hésitez pas à toujours couper plus de fil que nécessaire afin d'être sûre de pouvoir finir votre bijou. Attention cependant à ne pas créer de frottement contre les toupies lorsque vous tirez les fils, car ils risqueraient de se casser.

Les fils métalliques
Ils existent en doré, en argenté ou émaillés de toutes les couleurs. Rigides et malléables, ils permettent de donner une certaine forme à vos bagues. Veillez à tendre votre fil métallique en le déroulant afin qu'il ne forme pas de « boucles » car cela le rendrait plus fragile.

LES OUTILS

Trois types de pinces vous seront nécessaires pour réaliser à peu près tous les ouvrages.

La pince coupante
Elle vous permet de couper correctement vos fils métalliques. Vous pouvez aussi l'utiliser pour couper votre fil de nylon de façon nette et permettre ainsi un enfilage plus aisé.

La pince plate
Cette dernière sert essentiellement à écraser les perles à sertir et à travailler les anneaux.

La pince à bouts ronds
Vous l'utiliserez pour tirer ou recourber les fils métalliques.

MATÉRIEL DIVERS

La colle à bijoux
Vous l'utiliserez pour maintenir vos nœuds. Veillez à ne pas en mettre sur les perles car certaines colles, à base de cyanoacrylate, les rendent mates et les rongent.

Les boîtes de rangement
Le montage de bijoux nécessitant un nombre important de perles de formes et de couleurs différentes, vous aurez donc besoin de ce type de boîte à cloison qui permet de les trier. Vous y rangerez vos perles par taille et par couleur.

Les aiguilles à perles
Le fil de nylon est suffisamment rigide pour enfiler directement la plupart des perles, mais dans le cas des rocailles, pour plus de facilité visuelle et de rapidité, vous pouvez éventuellement utiliser ces aiguilles souples.

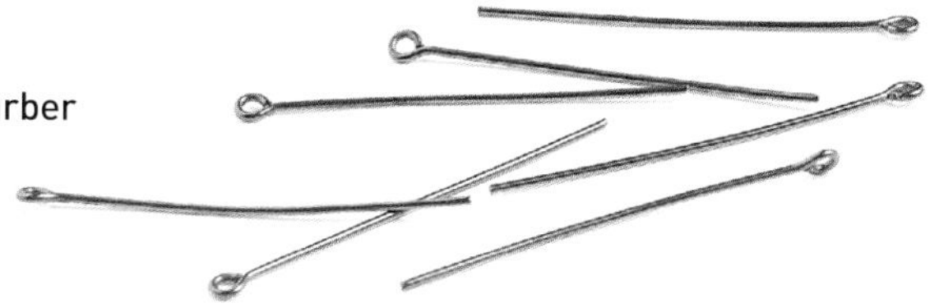

LES PERLES

Les perles de rocaille

Ces petites perles, de 2 mm, 2,5 mm et 5 mm de diamètre, existent sous 3 formes différentes : les rondes, les « bâtons » et les « microtubes », ou demi-cuts. Il existe un large éventail de coloris (plus de 350) qui se décline dans différentes gammes : mate, nacrée, brillante, translucide, irisée, opaque et métallisée. Pour les métallisées, préférez des perles de très bonne qualité qui garderont leur tenue. On les trouve partout et elles sont peu onéreuses. Indispensables pour façonner les bagues, elles sont plus ou moins bien calibrées suivant leur qualité. Le « must » des perles de rocaille est la « rocaille à broder », plus petite et de forme parfaite.

Les rondelles

Ces perles en forme de roue sont en métal (doré, argenté ou cuivré) et serties de minuscules « brillants ». Trois tailles principales sont disponibles : 4, 5 et 6 mm. Elles s'intercalent entre des toupies ou des facettes de taille identique pour garnir le corps des bagues et leur donner un aspect précieux.

Les perles à facettes

De forme légèrement ovale, elles sont en cristal, en verre ou en plastique. Elles ont de multiples facettes et leurs tailles se déclinent en 3, 4, 6 et 8 mm. Elles existent dans une soixantaine de coloris, et sont souvent difficiles à associer aux toupies, plus subtiles. La couleur cristal reste la plus utilisée, mais n'hésitez pas à oser les mariages de teintes. Comme les toupies, on les utilise pour le corps de certaines bagues et pour le tour de doigt.

Les toupies

Ces perles ont la forme d'une toupie, d'où leur nom. On les utilise pour monter le corps des bagues.

Celles en cristal se déclinent en plus de 190 couleurs différentes incluant des gammes variées : normale, opaque, satin, métallique, AB (reflet irisé) et double AB. Chaque couleur est identifiée par un nom particulier : Aquamarine (turquoise), Lilac (mauve), Topaz (ambre), etc. Difficile de s'y retrouver, d'autant que de nombreux coloris sont très proches les uns des autres. Le nuancier de la p. 7 vous donne une synthèse de l'éventail de ces gammes. Les toupies existent en plusieurs tailles : 3, 4, 5, 6, 7, 8, 10 et 12 mm. Les plus répandues étant les 4 et 6 mm.

Les perles rondes

De forme ronde, elles ont de nombreuses facettes et existent en 3, 4, 5, 6, 7, 8 et 10 mm. L'éventail de couleurs est moins large que pour les toupies. On les emploie dans le corps de certaines bagues.

Gouttes

Roses métalliques

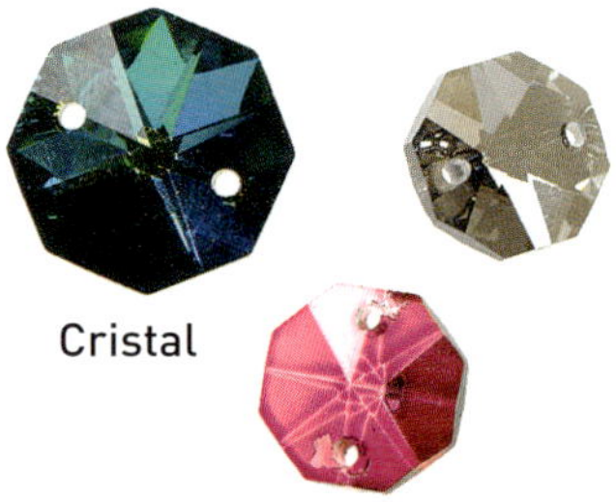

Cristal

Autres types de perles

Toutes ne seront pas nommées ici, mais parmi les incontournables, on trouve : les sertis (cristal ou verre montés sur métal, maintenus par des griffes, de forme rectangulaire, en amande, carrée, ou ronde), les gouttes (avec ou sans facettes), les cubes, les fleurs (formées de 8 petits arrondis sur l'extérieur de la perle), les cônes, les pyramides, les perles de lustre, et aussi les boutons de nacre « détournés » pour l'occasion en perles, etc.

Montana
Montana AB
Crystal Metallic Blue
Blue Capri
Saphir
Saphir AB
Jet
Turmaline
Indian Saphir
Lt. Saphir
White opal Starshine
Lt. Saphir AB.
White Opal Blue sky
Olivine
Olivine AB
Emerald
Emerald AB
Erinite
Chrysolite
Chrysolite AB
Amethyst
Amethyst AB
Lt. Amethyst
Lt. Amethyst AB
Violet
Amethyst AB 2X
Peridot
Indicolite
Aquamarine
Blue Zircon
Aquamarine AB2X
Indian Red
Hyacinth
Padparadscha
Garnet AB
Garnet
Tanzanite AB
Peridot AB
Blue Zircon AB
Lt. Azore
Tanzanite
Lt. Topaz
Ruby
Fuschia
Turquoise
Shadow Cristal
Lime
Siam Ruby AB
Joinquil
Topaz AB
Joinquil AB
Lt. Peach
Siam
White Opal
Cristal AB
Cristal
Topaz
Lt. Smoked Topaz
Lt. Colorado Topaz AB
Lt. Colorado Topaz
Siam Satin
Crystal Labrador
Crystal cornet Argent
Crystal Aurum
Black Diamond
Morion
Smoky Quartz
Smoked Topaz AB
Smoked Topaz
Burgundy
Crystal Vitrail Light
Black Diamond 2X
Crystal Vitrail Medium
Jet AB
Jet AB Solid
White Abalaster

CONSEILS

Ces conseils vous aideront à réussir votre première bague, à bien lire les schémas et pour les non débutantes, à découvrir certaines astuces.

Choisir un modèle

Sélectionnez le modèle souhaité et prenez le temps de lire et de suivre la totalité des schémas et explications écrites. Vous appréhenderez mieux la technique utilisée et éviterez ainsi des erreurs ultérieures. Déterminez les perles nécessaires, puis choisissez et harmonisez les couleurs. Pour cela, déposez-les sur un petit plateau à rebord, sur lequel vous aurez collé de la feutrine foncée pour éviter aux perles de rouler ou de tomber. Disposez vos perles à l'identique du schéma final. Cela vous permet de vous rendre compte de l'harmonie des couleurs choisies et de visualiser la bague telle qu'elle sera. Le vaste choix des couleurs permet de jouer sur les dégradés de tons. Osez aussi les mélanges de couleur rouge et bordeaux, vert olivine, ambre et fuschia. Les combinaisons sont tellement nombreuses que chaque bague est un modèle unique.

Lire les schémas

Ils sont indispensables pour guider chaque étape du montage. Dans certains cas, ils sont accompagnés d'un texte qui précise telle opération ou apporte un conseil ou une astuce. Les perles sont stylisées et colorées pour plus de lisibilité. Celles qui sont pleines entrent en jeu pour la première fois dans le déroulé du montage. Celles qui sont évidées sont déjà montées.

La flèche noire indique le départ du montage. Le fil, composé de deux extrémités, se visualise d'un côté par la couleur bleue et de l'autre côté par la couleur verte avec à leur bout, des flèches indiquant le sens du montage.

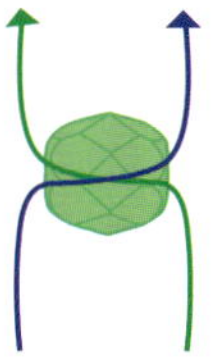

Croiser les fils : la base du montage

Dès le premier schéma, vous aurez toujours un croisement de vos fils dans l'une des perles. Pour cela, chaque fil sortira de la perle à l'opposé de l'autre. Cette technique du « croisé » constitue la base du montage des bijoux. Après ce premier croisement, pensez à toujours vérifier que vos deux fils sont bien de la même longueur afin de pouvoir terminer votre bague. N'allez pas trop vite et vérifiez toujours le montage de l'étape que vous venez de faire. Il serait dommage de vous apercevoir d'une erreur après avoir fini votre bague.

Monter le tour de doigt

Une bague est toujours composée de deux parties bien distinctes : le corps de la bague et le tour de doigt (anneau). La réalisation du tour de doigt est expliquée à la fin. L'anneau est le plus souvent réalisé avec des facettes de 3 ou 4 mm (entre 6 et 10 selon la largeur du doigt) et des rocailles (entre 25 et 40) afin d'être agréable à porter. Trop étroit, il risquerait de « marquer » votre doigt ; trop large il vous gênerait. Dans d'autres modèles, c'est le fil de métal qui, enroulé sur lui-même, sert d'anneau. Diverses combinaisons sont possibles, et dépendent du nombre de facette intercalées entre chaque facette. Commencez toujours par placer sur chaque fil deux rocailles afin que le début de l'anneau ne touche pas le corps de la bague. Croisez vos deux fils dans une rocaille, puis alternez rocailles et facettes jusqu'à obtenir la taille voulue. Pensez également à toujours le finir de la même manière que vous l'avez commencé, à savoir dans le cas présent, par deux rocailles. Sur le schéma, il ne sera représenté que son départ et son arrivée, des pointillés placés entre simulant la longueur de l'anneau.

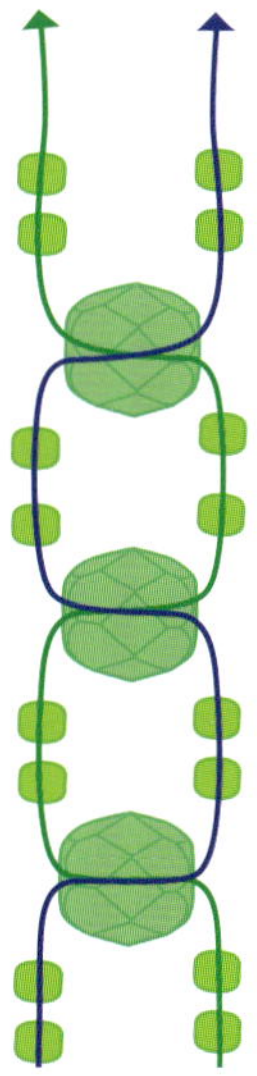

Terminer une bague

Au fil de nylon

Une fois votre tour de doigt terminé, venez croiser vos fils dans la perle extérieure du corps de la bague. Celle-ci est indiquée sur le schéma final de chaque bague. Repassez ensuite dans toutes les perles de l'anneau afin de consolider votre tour de doigt. Continuez d'avancer vos fils dans les perles du corps de la bague et faites-les se rejoindre à proximité d'une perle plus grosse. Tendez bien vos fils et faites un premier nœud normal. Le deuxième nœud sera fait à l'envers et le suivant de nouveau à l'endroit. Rassemblez vos deux fils et passez-les ensemble dans cette perle puis tirez-les doucement afin de faire glisser vos nœuds dans celle-ci. Ces nœuds, ainsi coincés dans le trou de la perle, ne bougeront plus. Si le passage n'est pas assez important pour y cacher vos nœuds, placez-les sur le dessous de la bague afin de les cacher, puis mettez-y une pointe de colle. Il vous faudra encore les passer dans toutes les perles rencontrées sur une longueur de 1 à 2 cm avant de les couper.

En fil de métal

Une fois l'anneau terminé, croisez les deux fils dans le premier rang, puis dans les rangs suivants. Coupez le fil restant au ras d'une perle et enfoncez-le un peu dans la perle afin qu'il ne dépasse pas. Les flèches rouges et bleues en pointillé indiquent toujours l'endroit où attacher les fils en fin de montage. Vous pouvez aussi couper les fils et les entortiller : ils se casseront juste au bord de la perle.

Réparer et consolider une bague

Si votre bague casse, il vous faudra en effet la refaire complètement. Pour éviter cet inconvénient, vous pouvez utiliser un fil pour le corps de la bague que vous arrêterez comme expliqué plus haut, et un autre uniquement pour le tour de doigt. Ainsi vous n'aurez que l'une ou l'autre partie à refaire.

QUELQUES ASTUCES

Une bague trop souple

Pour éviter cet inconvénient, pensez à bien serrer vos fils à chaque étape du montage.

Passage du fil de nylon

Inutile de mouiller votre fil avec votre salive comme pour un fil de coton car il passerait en effet moins bien. Pressez son extrémité avec la pince plate et votre travail en sera facilité. A force d'enfiler les perles, le bout de votre fil s'émousse et se tortille. N'hésitez pas à le couper de quelques millimètres.

Enlever un nœud

Pour ne pas l'abîmer, desserrez délicatement ce nœud avec la pointe d'une aiguille, puis passez à l'intérieur l'extrémité du fil. Le nœud se défera sans dommage.

Rocailles

Le rôle principal de la rocaille est de cacher le fil de nylon entre deux autres perles. Leur nombre est indiqué à titre indicatif pour chaque montage. En effet, suivant leur taille et leur calibrage, vous pourriez être amené à en rajouter ou à en enlever.

Mélanger du verre et du cristal

Évitez de mélanger sur une même bague, des perles de même forme mais de qualité différentes. Mêler des toupies de cristal et de verre serait inesthétique et vous seriez très déçue du résultat.

FLEUR DE NACRE*

Bouton de nacre et pastels se marient en douceur pour cette bague aux reflets satinés.

FOURNITURES

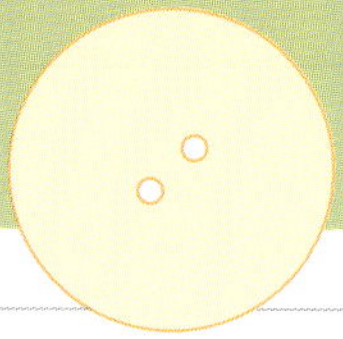

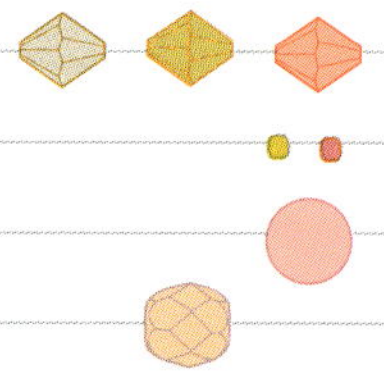

- **1 bouton de nacre de 2 cm**
- **6 toupies jaunes, 9 toupies vert pâle, 2 toupies rose mat**
- **Rocailles assorties**
- **8 perles rondes « œil de chat » de 4 mm**
- **4 facettes de 4 mm**
- **30 cm de fil de nylon**
- **40 cm de fil de cuivre fin**

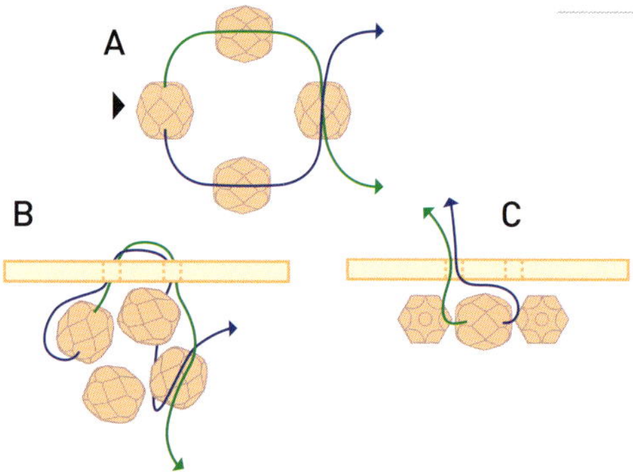

1. Enfilez les 4 facettes sur le fil de cuivre fin, croisez l'un des fils dans la dernière puis passez vos fils dans l'un des trous du bouton. Ressortez-les sur l'arrière pour les croiser dans la facette du bas.

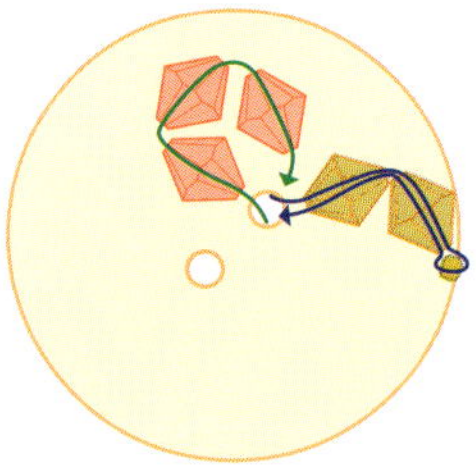

2. Sortez les 2 fils sur le dessus du bouton. Placez 3 toupies jaunes sur l'un des fils et ressortez sur l'arrière de la nacre. Passez 2 toupies vert pâle sur l'autre fil, 1 rocaille puis repassez-le dans les toupies et l'arrière du bouton.

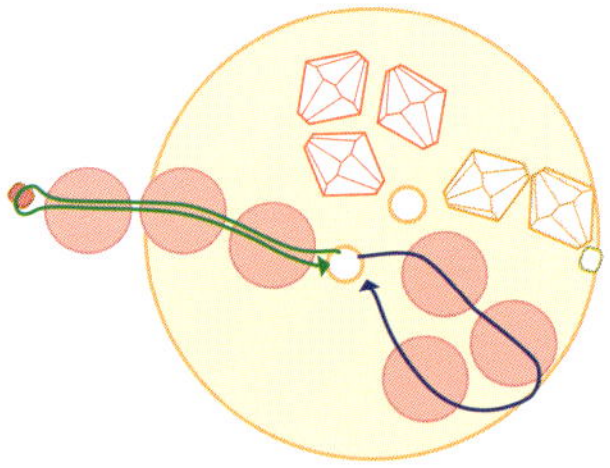

3. Repassez les 2 fils sur le dessus du bouton, enfilez 3 « œil de chat » comme sur le schéma et repassez par le même trou du bouton. Placez 3 autres « œil de chat » et 1 rocaille sur l'autre fil, repartez dans les yeux de chat et le trou du bouton.

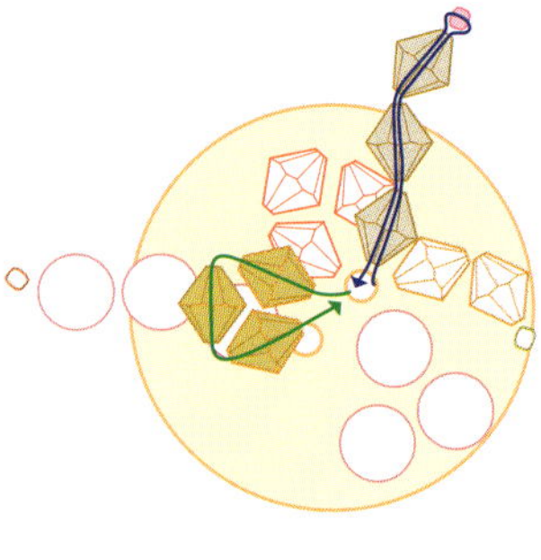

4. Comme sur le schéma, placez 3 toupies vert pâle sur l'un des fils, puis, sur l'autre, 2 toupies de la même couleur, ajoutez 1 rocaille et repassez dans celles-ci. Ramenez les fils sur l'envers du bouton.

5. Ressortez les 2 fils dessus puis suivez le montage n° 2 des toupies vert pâle pour placer les 2 toupies rose mat, puis les 2 derniers yeux de chats. Entourez vos fils plusieurs fois autour des perles, puis coupez-les.

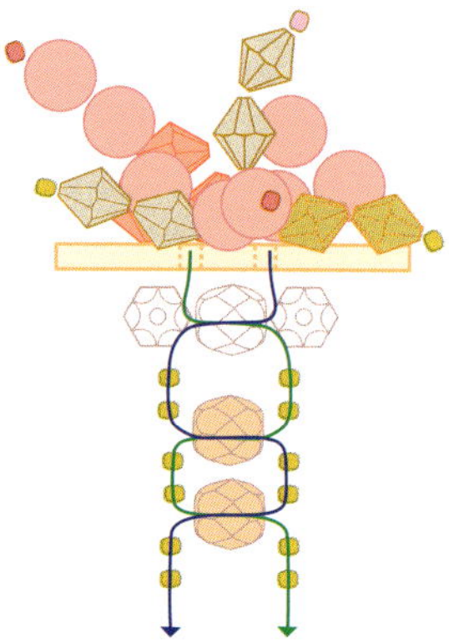

6. Passez votre fil de nylon dans l'une des facettes du dessous puis montez votre anneau. Nouez puis avancez dans quelques perles avant de les couper.

FLEURETTES*

Discrètement insérées dans le corps de la bague, ces toupies en forme de fleurs apportent de l'élégance à votre bijou.

FOURNITURES

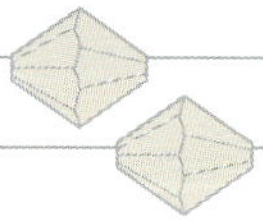

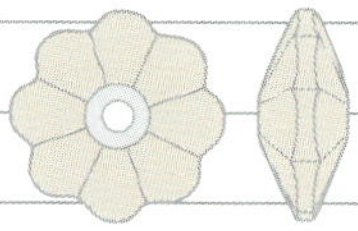

- **4 toupies blanches de 4 mm**
- **8 toupies cristal de 4 mm**
- **4 toupies blanches de 6 mm**
- **8 fleurs de 6 mm**
- **Petites rocailles à coudre**
- **Facettes de 3 mm pour le tour de doigt**
- **70 cm de fil de nylon**

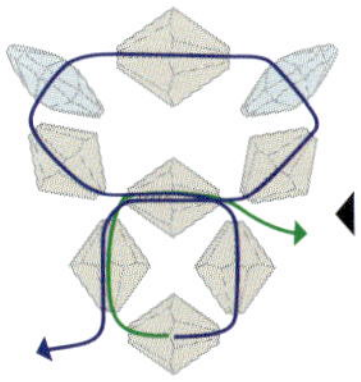

1. Mettez sur votre fil 4 toupies de 4 mm et croisez dans la 1ère perle pour obtenir un carré. Placez 2 toupies de 4 mm de couleurs différentes, 2 fleurs et 1 toupie de 6 mm dans l'ordre du schéma puis avancez dans les 2 toupies de 4 mm du centre. Serrez votre travail.

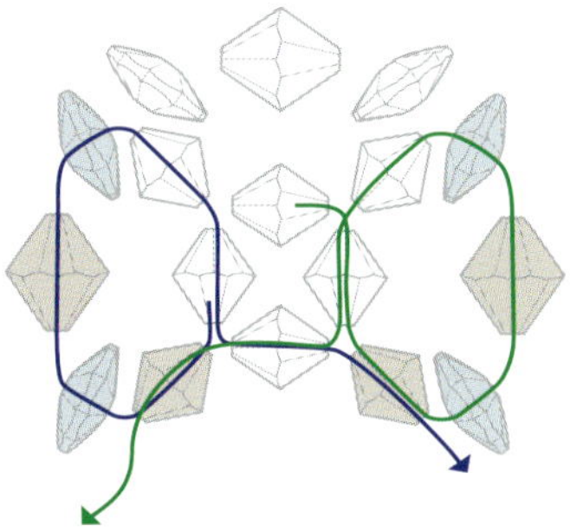

2. Placez le fil de droite dans la toupie suivante, puis faites indépendamment avec chaque fil le même montage de perles en plaçant : 1 toupie de 4 mm, 1 fleur, 1 toupie de 6 mm, 1 fleur puis avancez vos fils dans les 2 toupies suivantes. Terminez en les croisant dans la toupie de 4 mm du carré initial et avancez-les pour finir dans les toupies du bas.

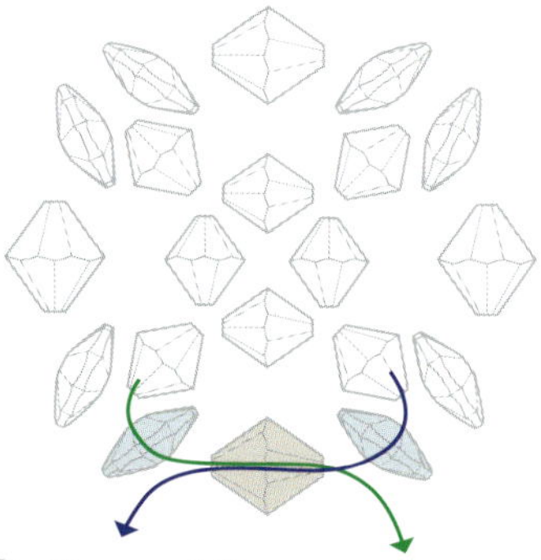

3. Ajoutez 1 fleur sur chacun des fils puis croisez-les dans 1 toupie de 6 mm.

Pour ce modèle, veillez au sens d'enfilage des fleurs qui se travaillent par lot de 2 : la 1ère toujours enfilée sur l'endroit de la perle et la 2e sur la face arrière.

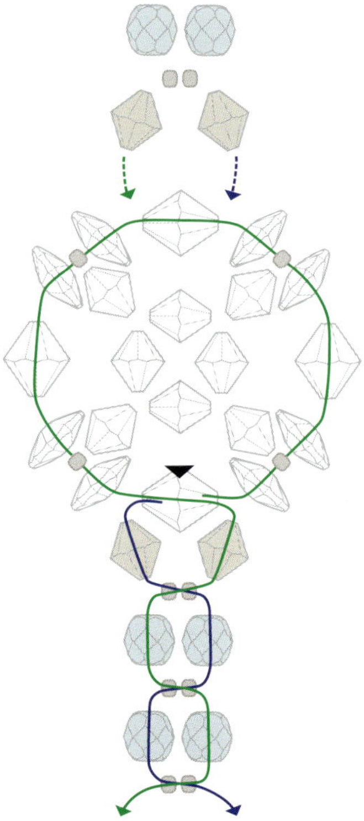

4. Consolidez en passant le fil dans les perles extérieures et en ajoutant, entre chaque fleur, 1 rocaille. Tour de doigt : placez 1 toupie sur chaque fil, croisez-les dans 2 rocailles puis alternez facettes de 3 mm et rocailles en ajoutant 2 toupies avant de croiser dans celle de 6 mm (en haut). Avancez vos fils dans quelques perles et nouez.

SPIRALES★★

Ces simples rocailles montées en spirales forment de magnifiques volutes dans un esprit « Art déco ».

FOURNITURES

Fil de fer

Perles de rocaille

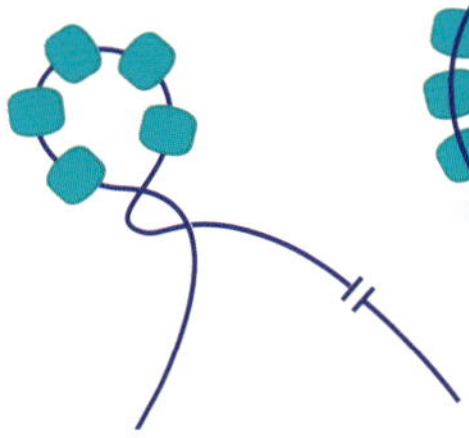

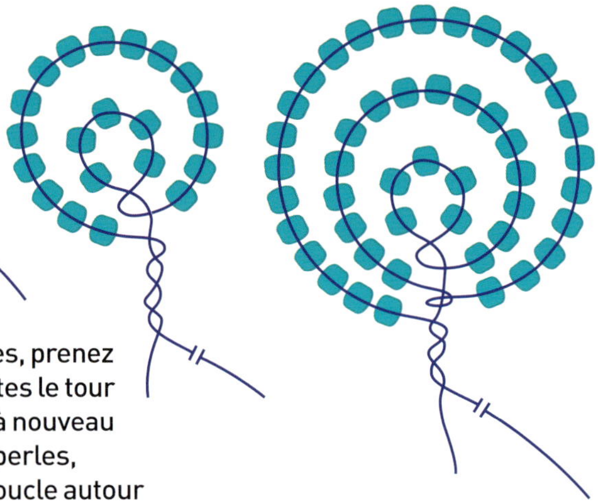

1. Enfilez sur du fil de fer environ 1 m de perles de rocaille.

2. Pour former les pétales, prenez 5 perles sur le fil et faites le tour de la boucle. Tournez à nouveau le fil pour bloquer les perles, faites une troisième boucle autour des deux autres, tournez à nouveau les fils.

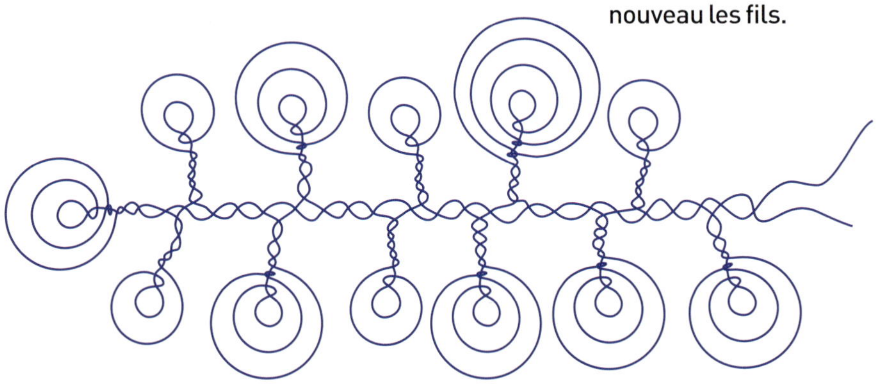

3. Avec le fil sur lequel sont enfilées les perles, faites un pétale de deux boucles, joignez les deux fils et tournez. Refaites un pétale comme le précédent, joignez les deux fils et tournez. Faites la même opération pour un pétale à 3 boucles, puis deux de 2 boucles, un de 3 boucles, un de 4 boucles, un de 3, un de 2 et deux de 3. Enlevez le surplus de perles et garder 30 cm de fil. Donnez forme aux pétales en les resserrant.

4. Pour l'anneau, coupez 3 morceaux de fil de fer de 6 cm. Avec le fil restant de la bague entourer les 3 autres de façon serrée sur 4 cm. Donnez forme à la bague et passez l'anneau sous le corps de la bague puis continuez à entourer les fils en passant entre les pétales pour bloquer l'anneau. Coupez les surplus de fil au ras.

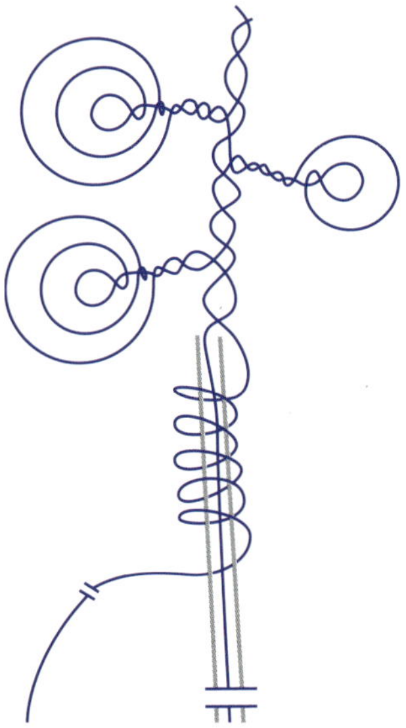

AMANDINE★★

Un cœur en forme d'amande serti de toupies pour une bague en camaïeu de tons rosés.

FOURNITURES

- 1 sertis amande 15 mm
- 4 toupies de 6 mm et 4 toupies de 4 mm rose pâle
- 4 rondelles 5 mm
- 8 toupies 4 mm fuschia
- 8 toupies 4 mm roses
- 8 toupies 4 mm parme
- 70 cm fil de nylon

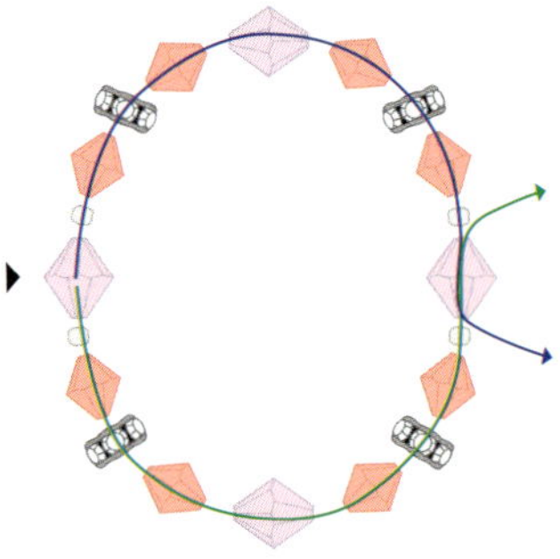

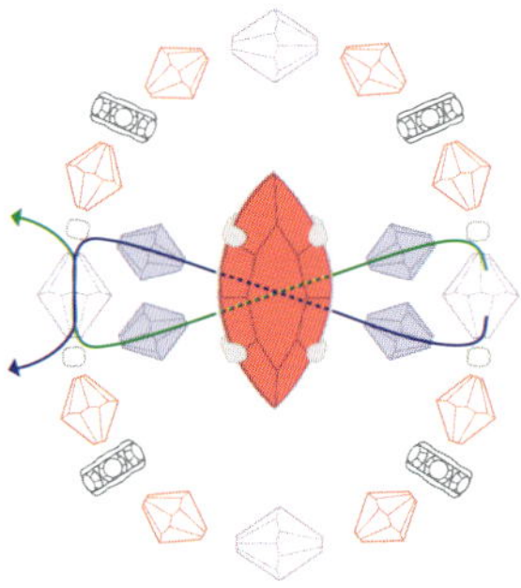

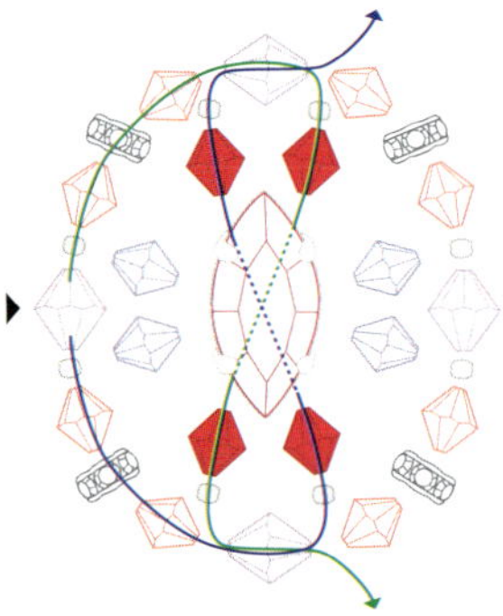

❶ Enfilez les perles dans l'ordre indiqué sur le schéma en commençant par la toupie de 6 mm à gauche.

❷ Ajoutez sur chaque fil 1 toupie rose, traversez le sertis puis placez de nouveau 1 toupie rose sur chaque fil. Croisez-les dans la toupie de 6 mm.

❸ Avancez le fil vert jusqu'à la toupie de 6 mm du haut. Ajoutez 1 rocaille, 1 toupie parme, traversez le sertis puis ajoutez 1 toupie parme et 1 rocaille. Passez dans la toupie de 6 mm. Avec le fil bleu, répétez cette opération sur le côté opposé.

❹ Avec le fil bleu, passez dans la rocaille et la toupie placée précédemment, ajoutez 1 toupie parme, 1 toupie rose, 1 toupie parme, traversez la toupie de 6 mm (en bas), rajoutez le même lot de perles sur le côté gauche puis avancez jusqu'à la toupie de 6 mm de droite.

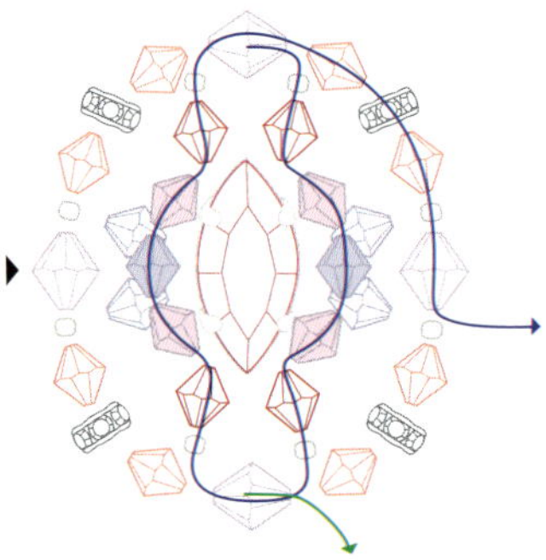

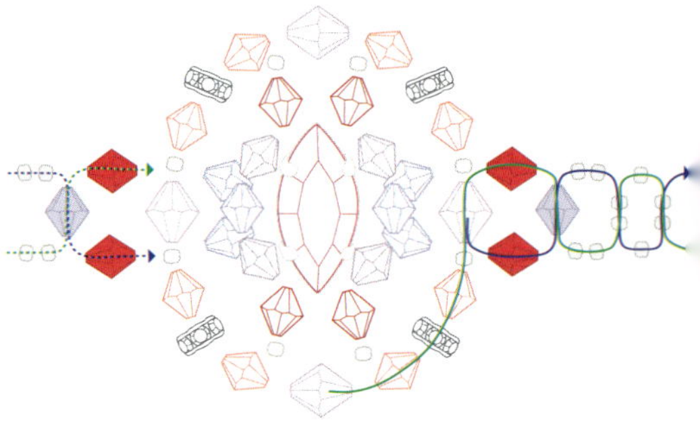

❺ Enfilez les 3 toupies comme sur le schéma tissez le tour de doigt avec les rocailles puis terminez-le par 3 toupies.

ANÉMONE DE MER***

Une brassée de rocailles et de perles de cristal pour une fleur aquatique qui joue sur les nuances de mat et d'irisé.

FOURNITURES

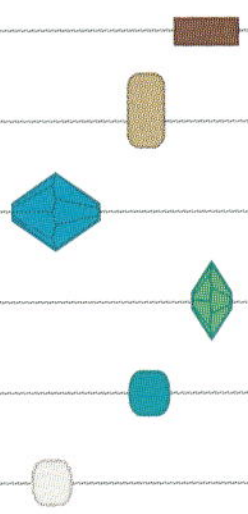

- 1 tube de perles tubulaires petites et mauves
- 4 perles à écraser
- 6 toupies de 3 mm
- 5 toupies de 5 mm
- 30 perles de rocaille turquoise
- 6 perles de rocaille blanc argent
- Fil de cuivre
- Pince
- Colle forte

1. Fabriquez des « piquants » suivant le schéma ci-dessus en alternant rocailles turquoise et blanc argent.

2. Assemblez les piquants en bouquet puis entourez les 3 dernières tiges autour des autres.

3. Séparez-les en 2 branches et enfilez 2 perles à écraser dans chacune. Glissez-y 1 fil de cuivre d'environ 15 cm.

4. Sur un côté de ce fil, enfilez les 25 perles de rocaille et sur l'autre côté des perles tubulaires mauves pour faire le double anneau. Rentrez chaque extrémité, en coupant si nécessaire le fil excédentaire, dans les perles à écraser. Écrasez les perles et mettez un point de colle forte.

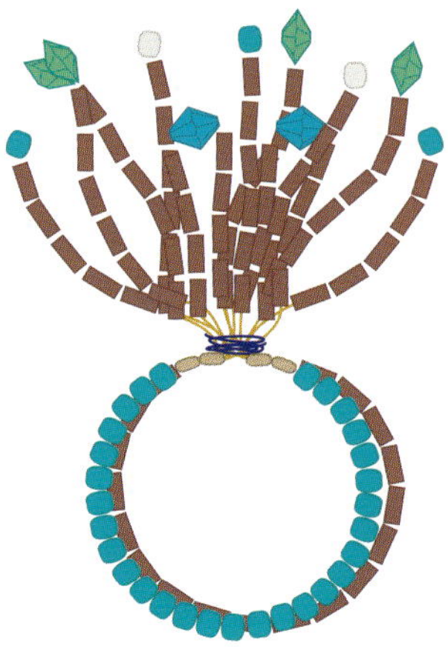

CŒUR DE ROSE★★

Une bague printanière à faire au gré de votre fantaisie... Chaque modèle est unique !

FOURNITURES

- 1 rose métal taille moyenne, de couleur rose
- Rocailles roses, vertes, transparentes
- 13 à 15 facettes roses, de taille moyenne, de 4 mm
- 10 facettes vertes, de taille moyenne, de 4 mm
- 60 cm de fil de cuivre fin
- 2 fils de nylon de 15 cm chacun

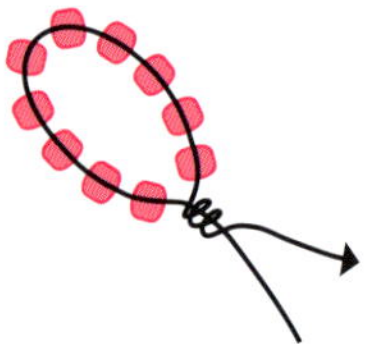

❶ **Montage des rocailles**
Placez une dizaine de rocailles (selon la taille) sur le fil de cuivre, puis enroulez l'un des fils autour de l'autre pour bloquer les perles. Serrez bien les perles.
La boucle ainsi créée doit dépasser de la rose.

❷ **Montage pour travailler les facettes**
Enfilez 3 facettes puis entourez l'un des fils autour de l'autre afin de bloquer la boucle.
Une autre version consiste à placer sur le fil 2 facettes et 1 rocaille, à le repasser dans les 2 facettes en formant un pic. Tendez bien le fil.

❸ Pour commencez, enfilez la rose par l'arrière, ajoutez 1 rocaille puis repassez le fil de cuivre par le trou de la rose.

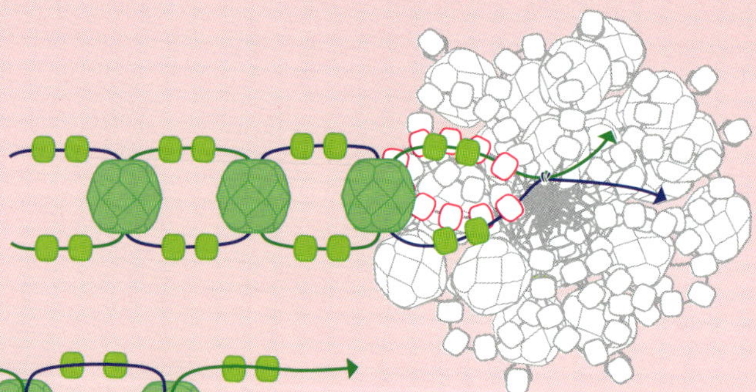

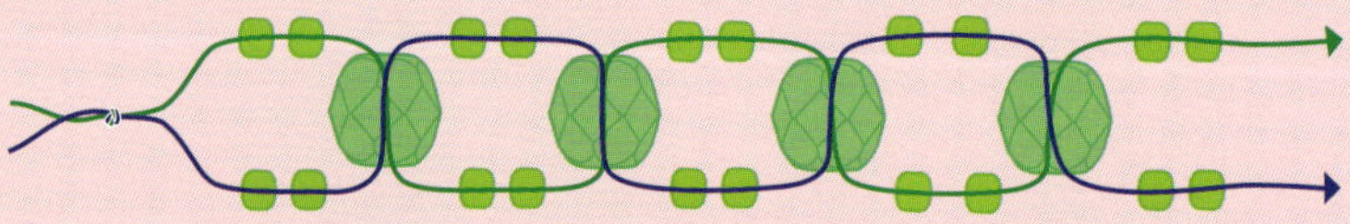

4 Pour habiller la rose, utilisez les 3 méthodes de montage en alternant les couleurs. Entourez vos fils autour des boucles pour consolider. Donnez de l'épaisseur en alternant couleurs et tissages différents. Sur le modèle présenté, il y a 18 montages de perles. Changez de fil à chaque assemblage pour ne pas finir avec un fil trop court. Enfin, rassemblez les 2 fils de cuivre en les tortillant et en les passant autour de quelques boucles avant de les couper.

5 Tour de doigt : nouez provisoirement vos 2 fils de nylon, placez sur chacun d'eux 2 rocailles. Croisez-les dans 1 facette et continuez pour obtenir la taille de votre anneau. Liez solidement les 4 fils.

6 Placez la bague sur l'envers. Avec les 4 fils, nouez l'anneau au corps de la bague avec une première série de nœuds. Repassez encore autour de quelques brins de perles et nouez de nouveau. Passez-les séparément dans quelques perles avant de les couper.

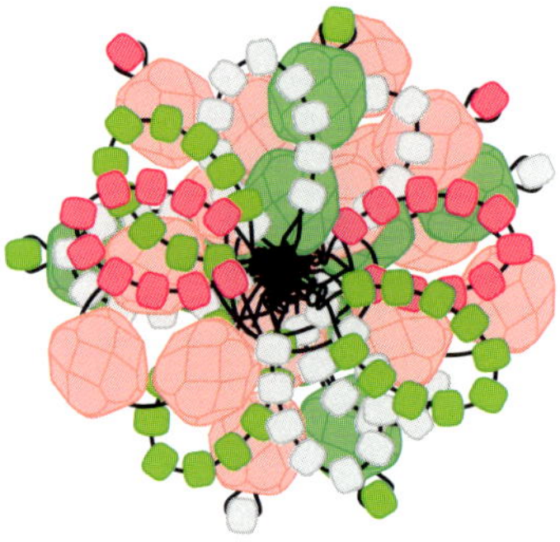

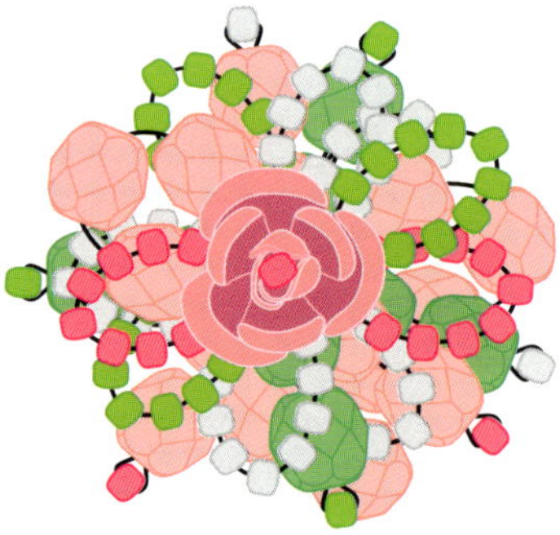

VARIANTE : VIOLETTE*

FOURNITURES

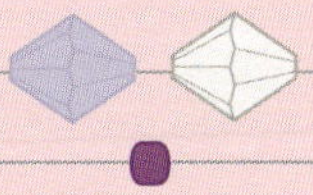

- 1 rose métal de taille moyenne
- 12 toupies de 4 mm de camaïeux violet et mauve
- Rocailles assorties
- 60 cm de fil de cuivre fin
- 30 cm de fil de nylon

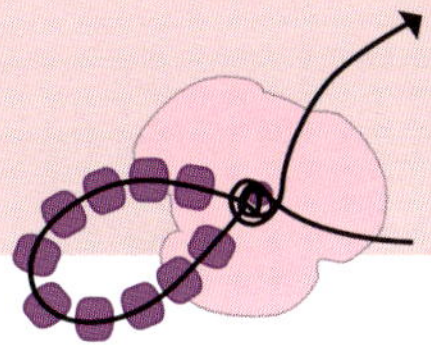

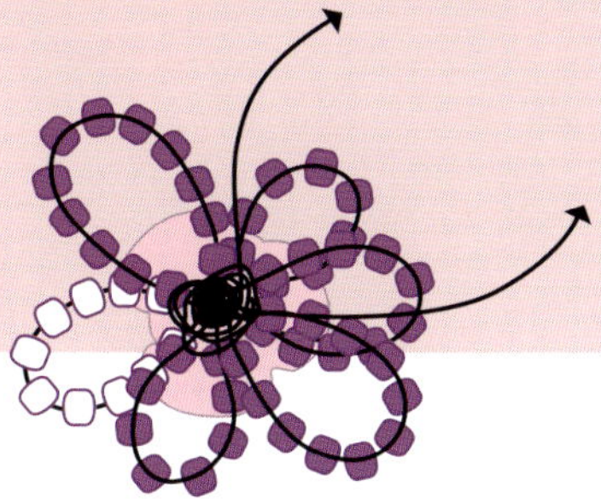

1. Avec le fil de cuivre, enfilez la rose par l'arrière, ajoutez 1 rocaille puis repassez par le trou de la rose.

2. Placez une dizaine de rocailles au milieu du fil de cuivre puis enroulez l'un des fils autour de l'autre pour bloquer les perles. Serrez bien le fil.

3. Faire 6 boucles en travaillant les fils alternativement. Pour obtenir l'aspect irrégulier d'une fleur, ne mettez pas le même nombre de rocailles sur chaque boucle. Tournez votre fil autour de la rose et des boucles pour consolider.

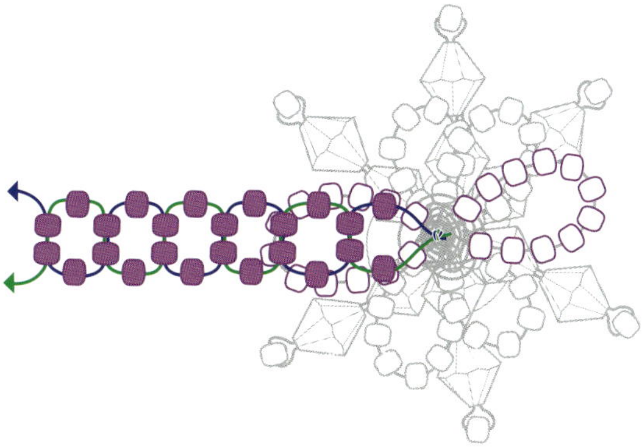

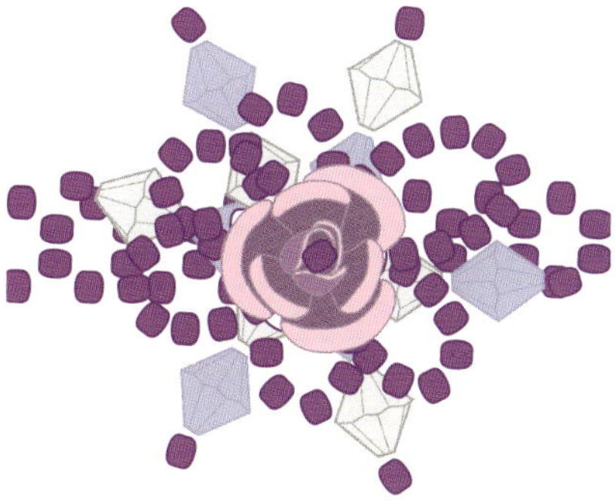

4. Pour placer les « pics », enfilez sur l'un des fils 2 toupies de couleur différente, 1 rocaille puis repassez dans les toupies. Tendez votre fil et enroulez-le autour de la boucle suivante. Continuez en plaçant les 5 autres pics entre les 6 boucles. Embobinez les fils autour de quelques pics et de la rose. Coupez-les.

5. Retournez votre travail. Passez le fil de nylon dans les 2 rocailles du début d'une boucle, puis commencez le tour de doigt. Après l'avoir ajusté à votre doigt, passez chacun des fils dans la rocaille de la boucle située en face. Nouez-les et rentrez-les dans quelques perles avant de les couper. Ordonnez les boucles et relevez les pics.

FLEUR DE BRONZE***

Au cœur d'une forme en triangle se niche une rose dont la couleur bronze vient en rappel des toupies et rocailles de même ton.

FOURNITURES

- 6 facettes marron de 4 mm
- 21 toupies de 4 mm marron clair
- 12 toupies de 4 mm marron foncé
- 3 toupies 4 mm couleur or
- 1 rose métal de couleur bronze
- Rocailles assorties
- 70 cm fil de nylon
- Facettes de 3 mm pour le tour de doigt

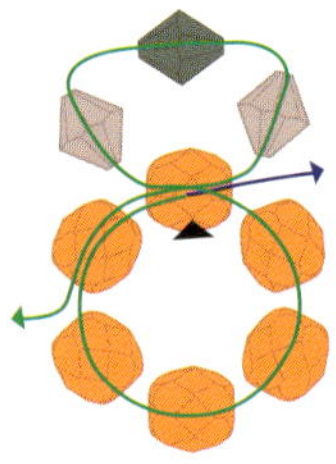

1. Mettez 6 facettes sur votre fil puis croisez dans la 1re. Sur le fil vert, enfilez 1 toupie marron clair, 1 toupie marron foncé et 1 toupie marron clair, et avancez dans les 2 facettes du cercle.

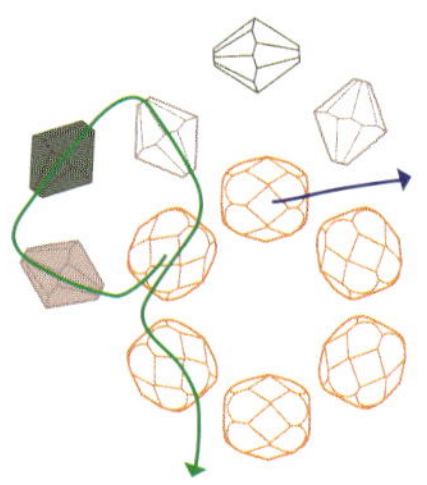

2. Ajoutez 1 toupie marron clair, 1 toupie marron foncé et passez-le dans la toupie placée à l'étape précédente. Continuez dans les 2 facettes du rond.

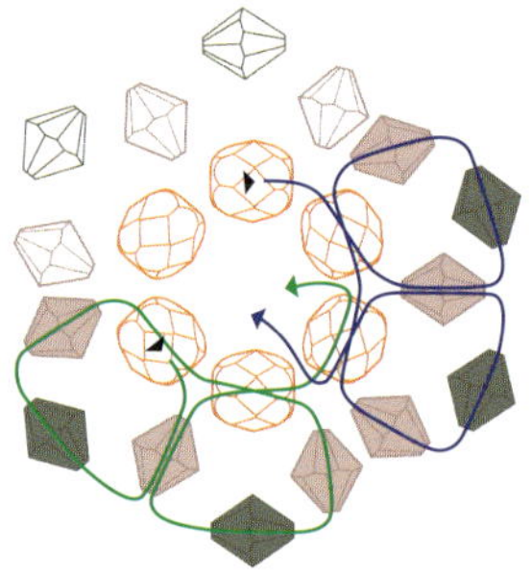

3. Avancez le fil bleu dans la facette suivante, placez 1 toupie marron clair 1 toupie marron foncé et 1 toupie marron clair puis repassez le fil dans cette même facette. Avancez dans la suivante. Continuez en ajoutant 1 toupie marron clair, 1 toupie marron foncé et passez-le dans la toupie précédemment placée. Avec le fil vert, répétez ces opérations pour placer les 5 toupies suivantes.

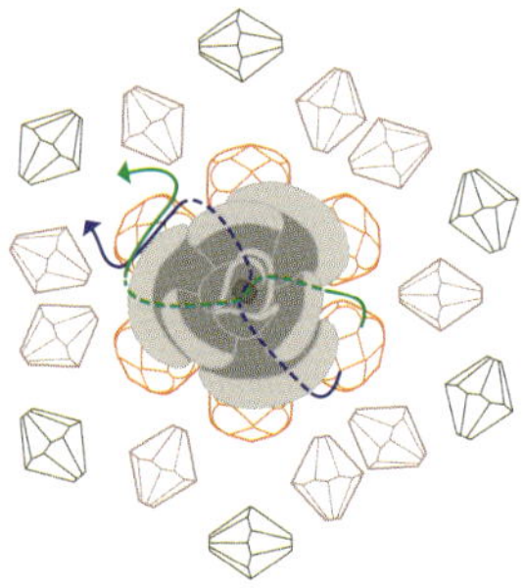

4. Passez vos 2 fils par l'arrière de la rose, ajoutez 1 rocaille puis repassez-les dans la rose. Croisez dans la facette située exactement en face puis tendez vos fils afin de bien placer votre rose au centre.

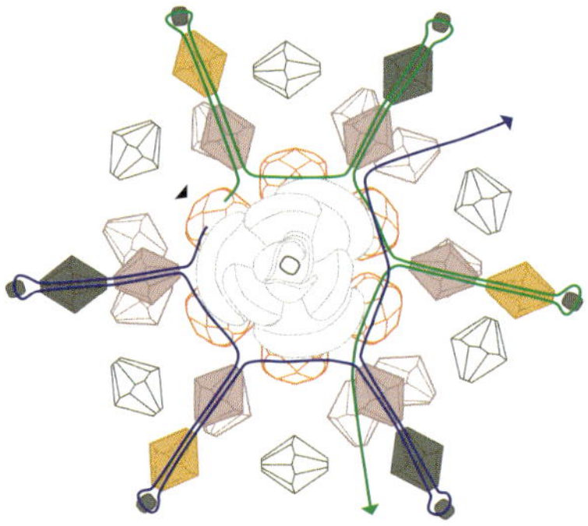

5. Placer les « pics » entre les facettes en mettant sur le fil bleu, 1 toupie marron clair, 1 toupie marron foncé, 1 rocaille, puis repassez -les dans les 2 toupies. Avancez dans la facette du centre.

Faire de même avec le fil vert, mais remplacez la toupie marron foncé par une toupie or. Continuez les 4 autres pics en tenant compte du placement des couleurs.

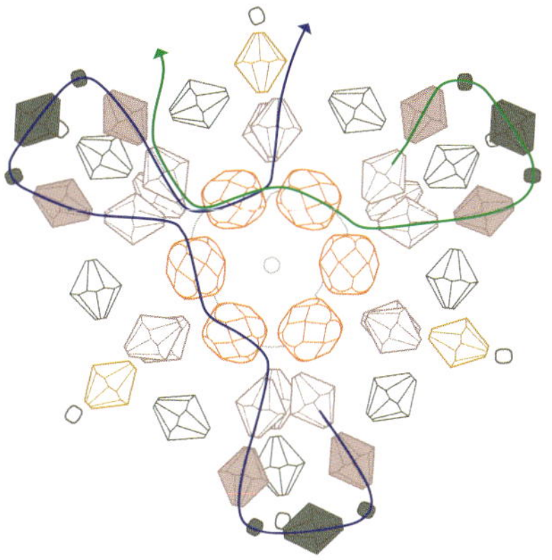

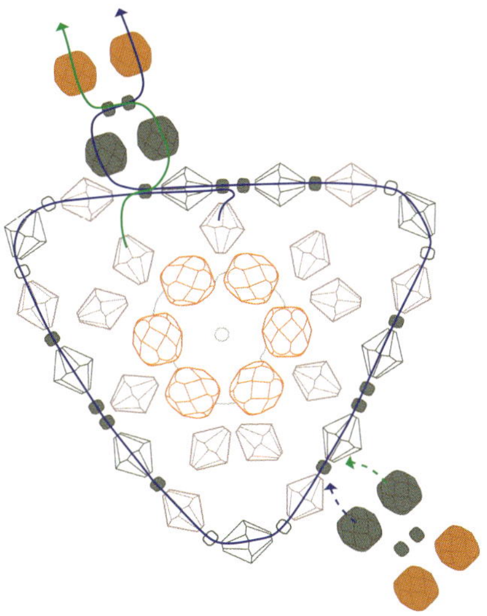

6 Retournez votre ouvrage afin de travailler sur l'envers, puis placer les toupies des marron clair et foncé comme indiqué sur le schéma.

7 Cette étape consiste à consolider la bague : passez dans toutes les toupies extérieures en ajoutant 1 ou 2 rocailles selon les endroits indiqués sur le dessin pour finir en croisant les 2 fils dans la dernière rocaille. C'est à cet endroit que vous allez faire votre tour de doigt, puis terminer votre bague.

BAMBOU*

Envie de nature ?... Amusez-vous à monter ce bijou original et très simple à réaliser.

FOURNITURES

- **Environ 80 perles tubulaires vertes**
- **Environ 80 petites perles de rocaille vertes**
- **Colle forte**
- **80 cm de fil de fer noir**
- **20 cm de fil de nylon**

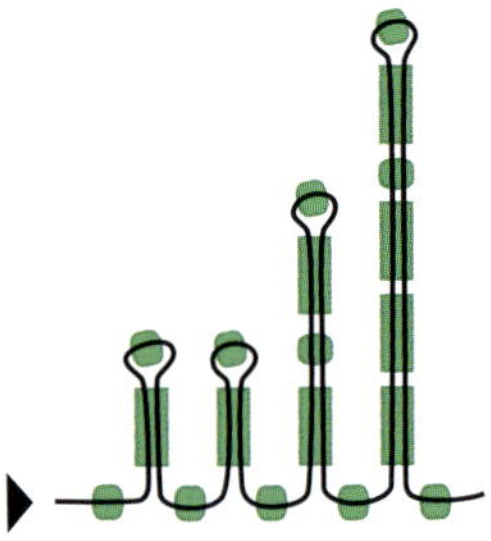

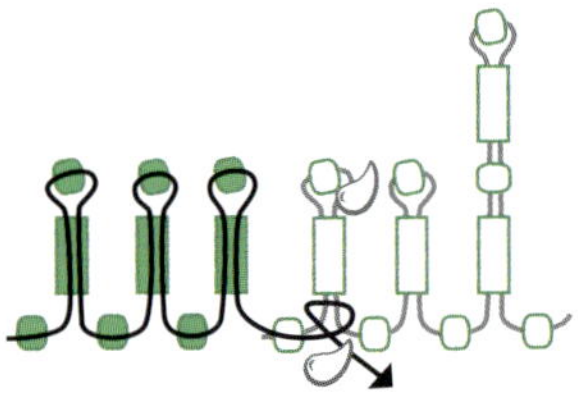

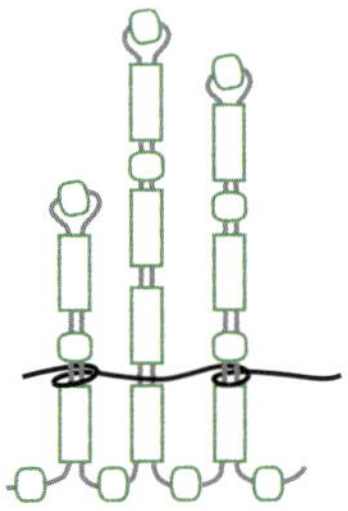

1. Suivant le principe de montage du schéma ci-dessus, enfilez de façon aléatoire 1, 2 ou 3 perles tubulaires, en intercalant ou non une rocaille. Sur l'arrière de la bague (intérieur de la main) ne mettez qu'une perle tubulaire.

2. Terminez en entourant l'extrémité du fil autour du premier « bambou ». Mettez 2 points de colle forte aux endroits indiqués.

3. Pour maintenir le cylindre des bambous, entourez le fil de fer situé entre les 2 premières perles tubulaires avec le fil de nylon et passez au suivant. Pour finir, à l'arrière de la bague ou lorsqu'il n'y a qu'une perle tubulaire, passez le fil de nylon entre celle-ci et la rocaille.

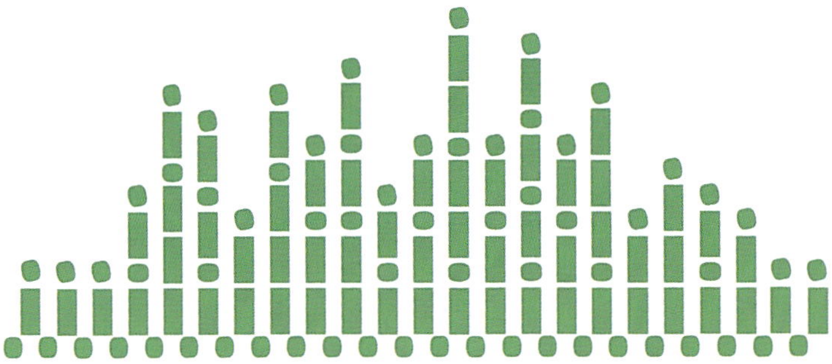

DIAMANT DU NIL *

Toutes les couleurs de l'Orient dans ce bijou du soir.

FOURNITURES

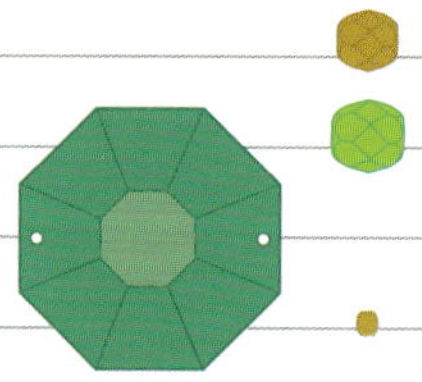

- **40 perles facettes en verre de Bohème de 3 mm lapiz**
- **10 perles facettes en verre de Bohème de 4 mm lapiz**
- **1 pampille octogonale en cristal de 16 mm bermuda blue**
- **1 tube de mini rocailles de 2 mm iris blue**
- **Fil de nylon de 0,25 mm**

1. Enfilez 10 perles facettes en verre de Bohème de 4 mm et croisez le fil dans la dixième perle.

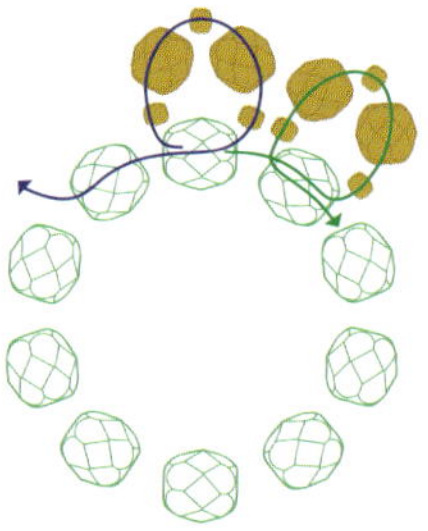

2. Sur le fil de gauche, enfilez à la suite 1 perle de rocaille et 1 facette de 3 mm. Repassez le fil dans la facette de 4 mm afin de réaliser une boucle et enfilez la facette suivante pour répéter la même opération afin d'obtenir 10 boucles.

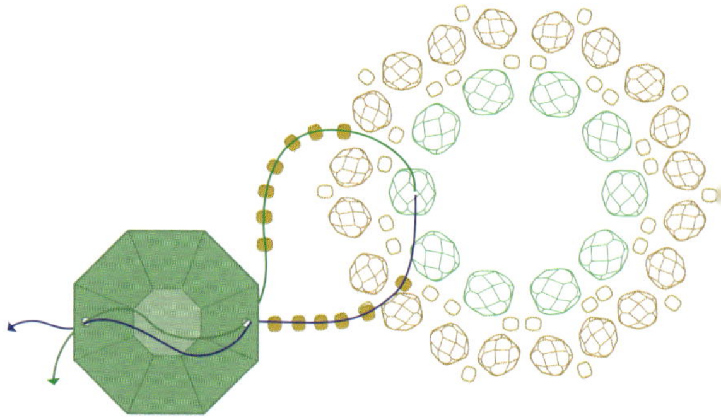

3. Enfilez 6 perles de rocaille sur un fil et 7 sur un autre. Passez les 2 extrémités du fil dans l'un des trous de la pampille.

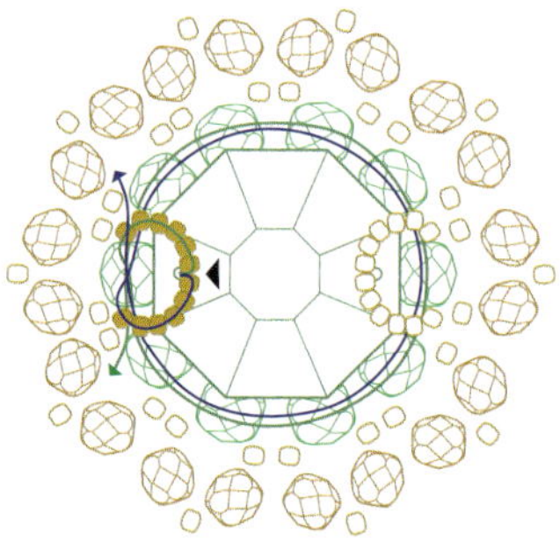

4. Placez la pampille sur la boucle formée par les 10 facettes et repassez le fil dans les 9 facettes de 4 mm. Faites ressortir le fil par le 2e trou de la pampille. Enfilez 7 perles de rocaille de 2 mm sur l'un des 2 fils et 6 sur l'autre. Repassez les 2 extrémités du fil dans la 10e perle facette de 4 mm.

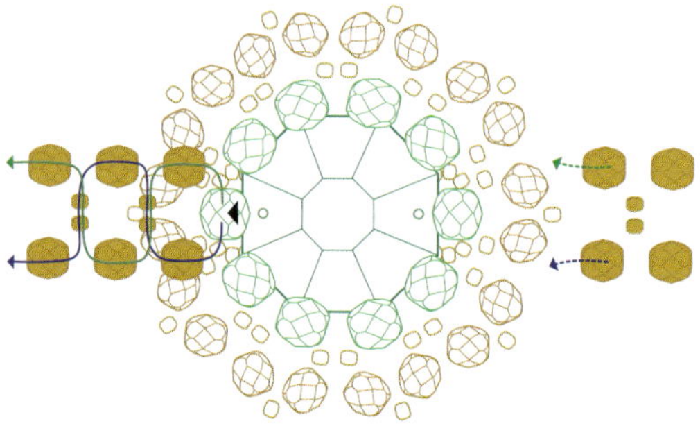

5. Réalisez un anneau de la bague en enfilant 1 perle facette de 3 mm sur chaque fil. Croisez le fil dans 2 perles de rocaille de 2 mm. Recommencez la même opération 10 à 12 fois selon la taille de votre doigt.

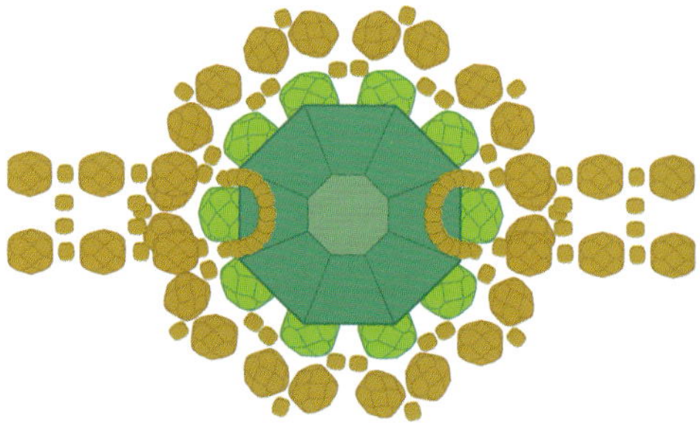

6. Repassez le fil de nylon dans les perles constituant l'anneau de la bague le plus loin possible, afin de renforcer la solidité du bijou, en ajoutant 1 perle de rocaille entre chaque facette. Faites un nœud et coupez le fil restant.

TUTTI FRUTTI★★

Surmontée de pics souples, cette bague peut changer de forme et de volume au gré des envies.

FOURNITURES

- 12 facettes de 4 mm
- Facettes de 3 mm pour le tour de doigt
- Rocailles
- 25 toupies de 4 mm de 5 à 6 tons différents
- 50 cm de fil de cuivre fin
- 25 cm de fil de nylon

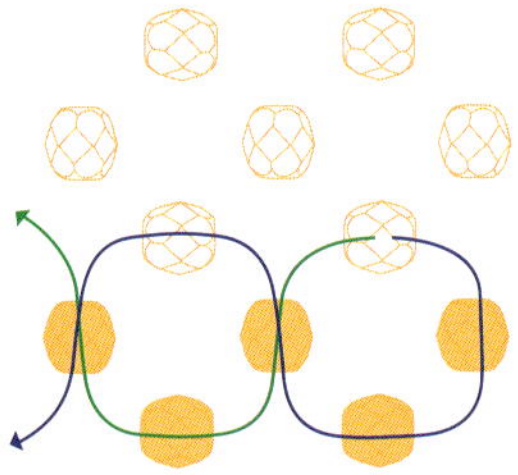

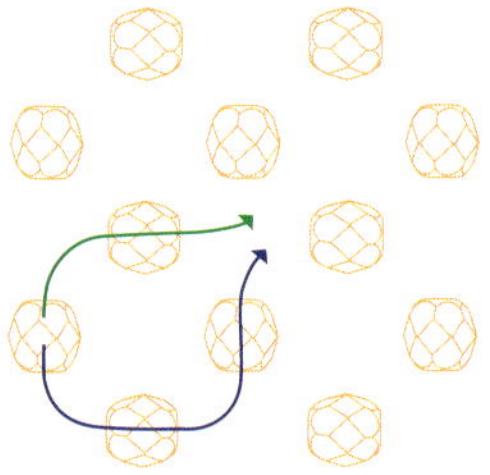

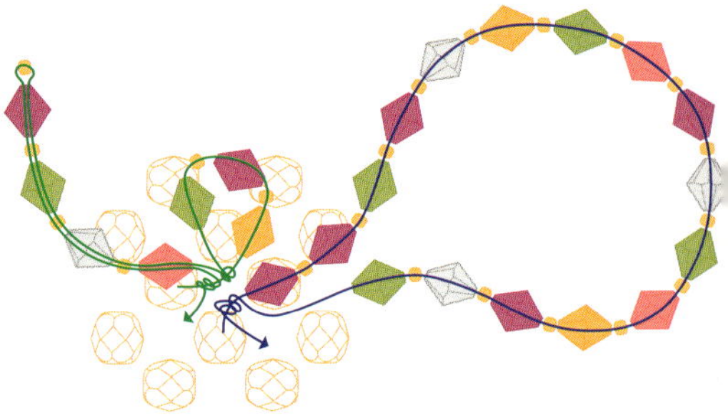

1. Placez sur le fil de cuivre 4 facettes et croisez dans la dernière. Faites les 2ᵉ et 3ᵉ ronds avec 3 facettes à chaque fois et terminez le dernier rond avec 2 facettes. Vous obtenez un carré de 4 ronds.

2. Comme indiqué sur le schéma, ramenez les deux fils au centre de ce carré.

3. Dans ce montage, vous placerez toujours 1 rocaille entre chaque toupie. Enfilez, sur 1 fil, 16 toupies de couleurs différentes puis entourez-le sur sa base afin de fermer cette grande boucle. Sur l'autre fil, placez 3 toupies, tournez-le sur lui-même pour former une petite boucle et enfilez encore 4 toupies et 1 rocaille. Repassez votre fil dans 2 toupies, entourez-le 3 fois autour de cette tige et coupez-le.

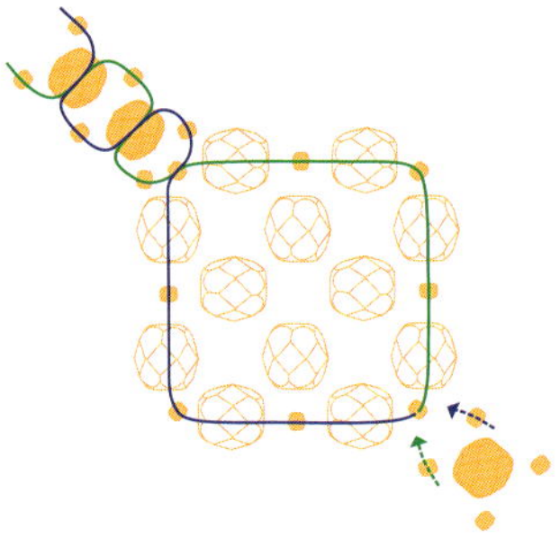

4. Avec le fil restant, placez les rocailles et 3 toupies, 1 autre rocaille en bout puis terminez cette pointe comme dans la phase 3. Au niveau de la moitié de la grande boucle, tournez-la sur elle-même pour former 2 boucles.

5. Retournez votre travail, puis passez votre fil de nylon dans toutes les facettes extérieures en intercalant entre chaque des rocailles. Faites votre tour de doigt, nouez les fils, puis continuez dans quelques perles avant de les couper.

VARIANTE : QUATRE PICS*

FOURNITURES

- **10 facettes 4 mm + le tour de doigt**
- **31 toupies 4 mm de 4 nuances différentes**
- **Rocailles**
- **50 cm de fil de cuivre fin**
- **25 cm fil de nylon de 0,25 mm**

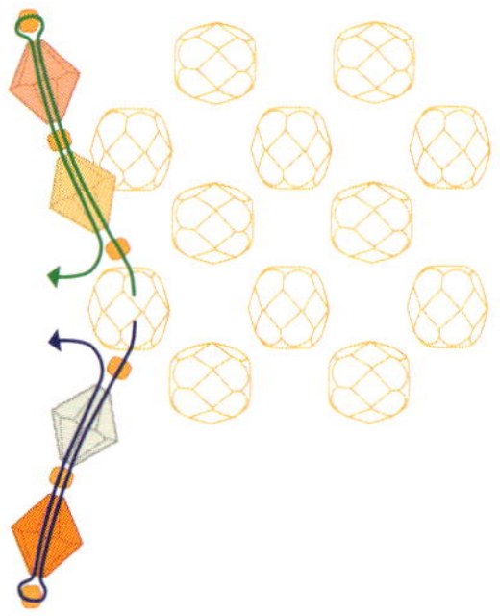

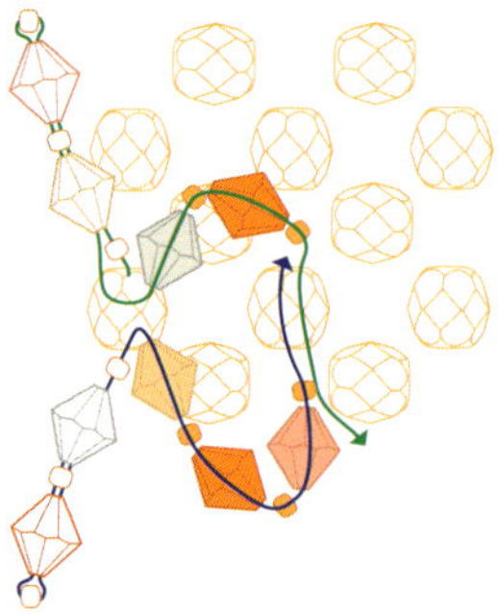

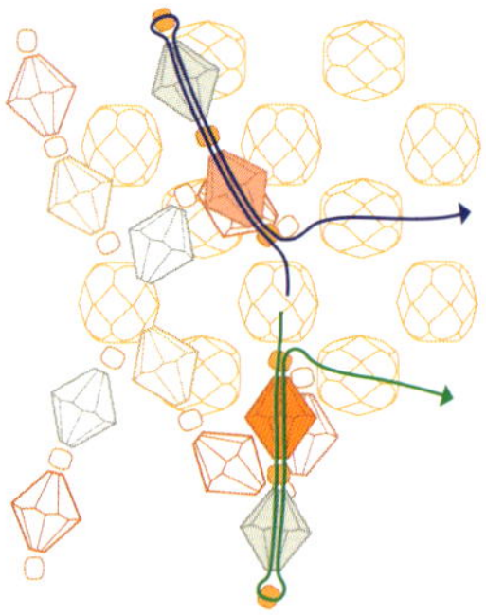

1. Pour le carré, faites le même montage que le modèle d'origine. Enfilez sur chaque fil 1 rocaille, 1 toupie, 1 rocaille, 1 toupie et finissez par 1 rocaille. Alternez les couleurs des toupies. Repassez doucement votre fil dans les toupies et les rocailles (sauf dans la 1ère) puis tendez bien vos deux fils.

2. Placez sur un fil 1 toupie, 1 rocaille, 1 toupie, 1 rocaille puis passez-le dans la facette du milieu. Sur le second, enfilez 1 toupie, 1 rocaille, 1 toupie, 1 rocaille, 1 toupie, 1 rocaille et sortez-le au centre du carré en passant dans la même facette.

3. Enfilez sur chaque fil 1 rocaille, 1 toupie, 1 rocaille, 1 toupie et 1 rocaille puis repassez-le dans ces mêmes perles (sauf la rocaille du haut). Passez vos fils dans les facettes afin qu'ils ressortent à l'extrémité du carré.

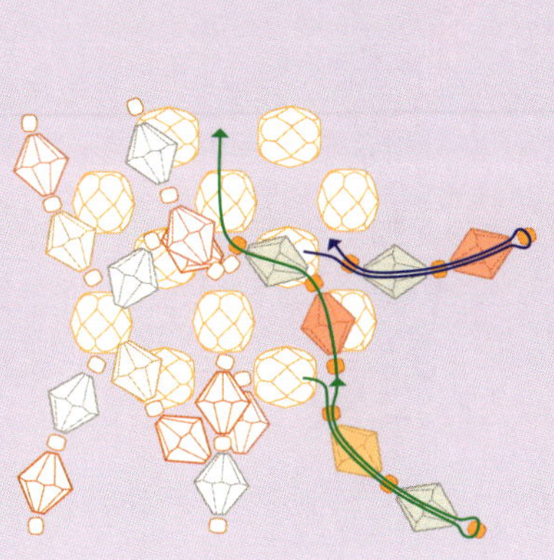

4 Faites de nouveau 1 pic sur chaque fil comme expliqué dans l'étape précédente. Placez sur le vert 1 rocaille, 1 toupie, 1 rocaille, 1 toupie, 1 rocaille puis sortez-le par la facette du milieu.

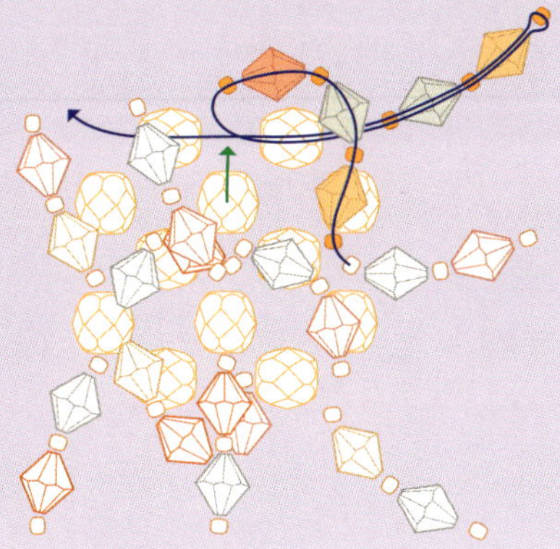

5 Sur le fil bleu enfilez 1 rocaille, 1 toupie, 1 rocaille, 1 toupie, 1 rocaille, 1 toupie, 1 rocaille puis sortez le fil par la facette extérieure. Réalisez un pic en mettant 1 rocaille, 1 toupie, 1 rocaille, 1 toupie, 1 rocaille, repassez dans ces perles, puis avancez dans les 2 facettes du haut.

6 Faites encore 2 pics en plaçant sur chaque fil 1 rocaille, 1 toupie, 1 rocaille, 1 toupie, 1 rocaille.

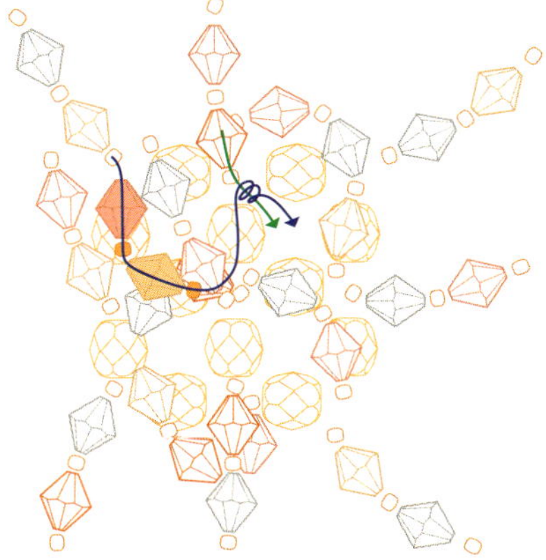

7 Enfilez 1 toupie, 1 rocaille,1 toupie, 1 rocaille puis passez le fil dans la facette afin de faire se rejoindre les 2 fils. Entortillez-les sur 2 tours, puis passez l'un d'eux dans le pic et l'autre fil dans l'arche avant de les couper.

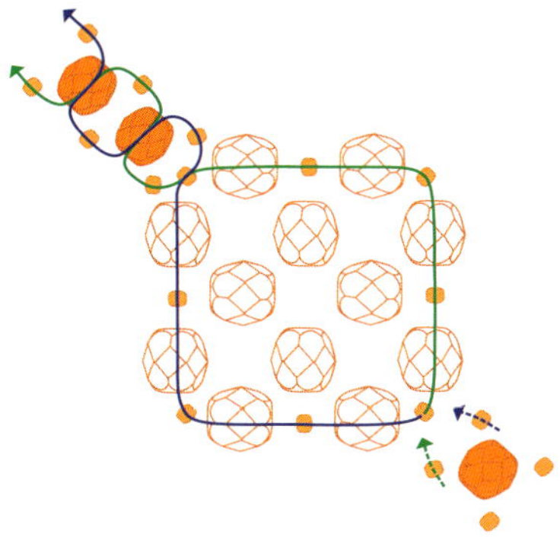

8 Prenez maintenant votre fil de nylon afin de monter votre tour de doigt comme dans le modèle initial.

LIANE★★★

Une délicate harmonie de couleurs pour cette bague toute en finesse.

FOURNITURES

- **48 mini-perles de rocaille vert clair**
- **6 toupies de 4 mm**
- **Une centaine de petites perles tubulaires mauves**
- **Fil de fer**

❶ Tissez les 3 feuilles et la fleur en suivant les schémas. Terminez les feuilles en resserrant le fil sous la dernière perle.

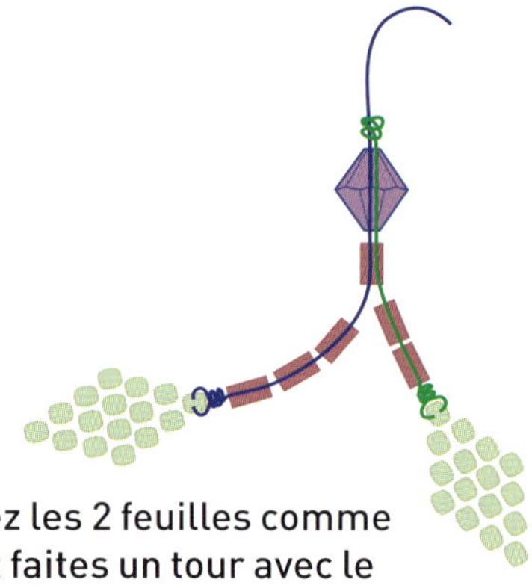

❷ Assemblez les 2 feuilles comme indiqué et faites un tour avec le fil pour fixer l'une des feuilles.

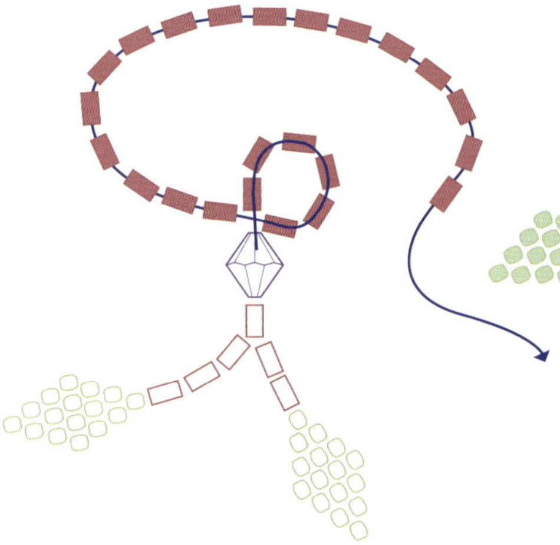

❸ Continuez sur le premier fil pour faire l'anneau. Placez autant de perles que nécessaire pour réaliser votre tour de doigt. Finissez l'anneau en joignant les 2 fils.

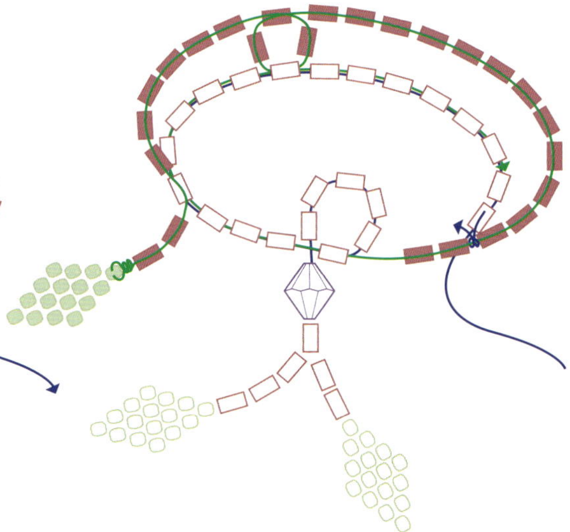

❹ Reportez-vous au schéma ci-dessus et ajoutez la troisième feuille avec 20 cm de fil. Puis fabriquez le 2e anneau en suivant le schéma. Terminez le double anneau en rejoignant les 2 fils comme indiqué.

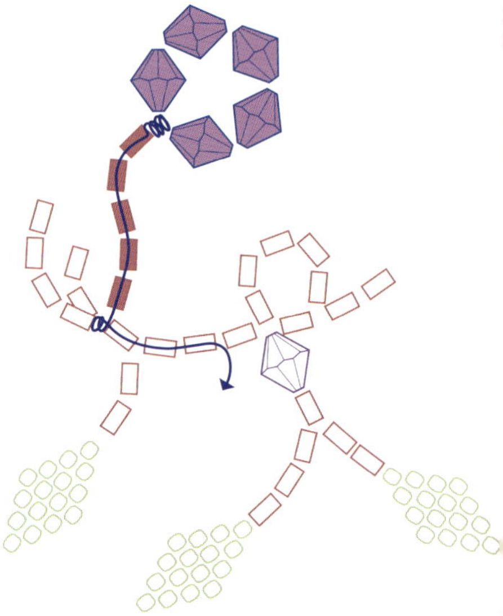

❺ Ajoutez la fleur comme indiqué sur le schéma.

JOYAUX★★

Des strass élégamment alignés pour un effet « brillant » garanti !

FOURNITURES

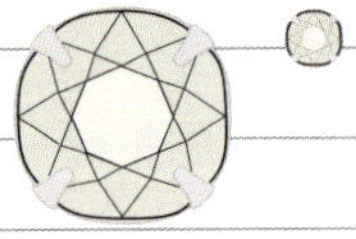

24 strass irisés à coudre de 4,5 mm

1 cabochon laiteux de 8 mm et son chaton

Fil de nylon de 0,25 mm de diamètre

Fil de fer argenté fin

POUR L'ANNEAU

Coupez 3 morceaux de fil de fer d'environ 20 cm. Coupez un morceau de fil de fer de 40 cm. Prenez l'ensemble des fils en leur milieu. A l'aide du plus long, enroulez les trois autres de chaque côté de son milieu, sur environ 1 cm.

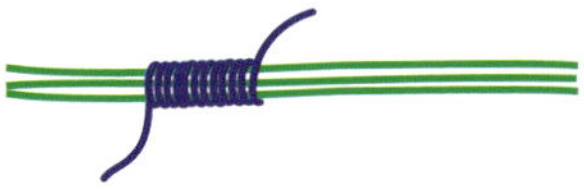

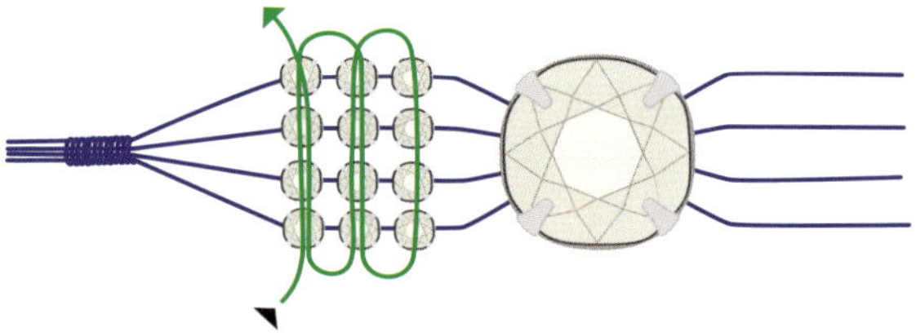

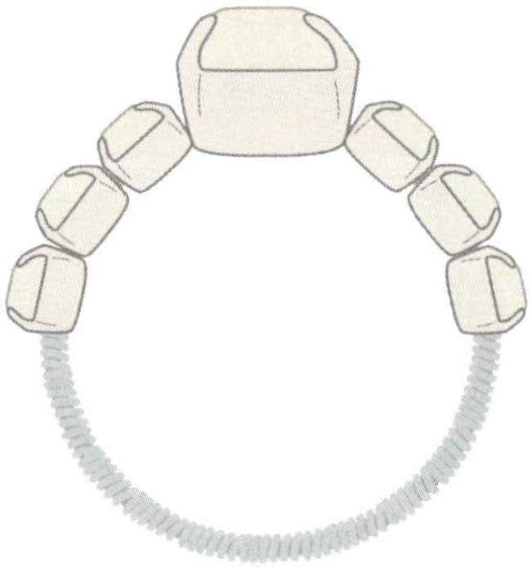

POUR LE CORPS

1. Sur un morceau de fil de nylon (environ 10 cm), enfilez 24 strass à coudre. Passez, avec un second fil de même taille, dans l'autre sens dans le premier, le huitième, le neuvième strass puis dans le dixième, le septième, le deuxième, puis le troisième, le sixième, le onzième et enfin les douxième, cinquième et quatrième strass. Recommencez une deuxième fois.

2. Séparez chacun des fils et enfilez sur le dessus un rectangle de strass dans le sens de la hauteur. Faites la même chose de l'autre coté de l'anneau.

3. Regroupez les fils deux par deux et passez-les par groupe de deux dans les trous des chatons. A l'intérieur du chaton, enroulez les fils à l'aide d'une pince plate (ne serrez pas trop pour ne pas les casser mais suffisamment pour les maintenir ensemble). Coupez court et rentrez les morceaux afin qu'ils deviennent invisibles.

VARIANTE : BOULE ARGENTÉE*

FOURNITURES

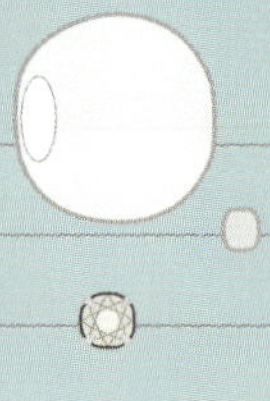

- 1 perle d' environ 0,8 cm de diamètre avec un large trou d'environ 2,5 mm
- Un tube de perles de rocaille transparentes métallisées
- 18 strass à coudre de 3,5 mm
- Fil de fer argenté
- Fil de nylon de 0,25 mm de diamètre

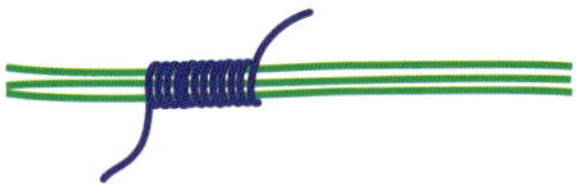

POUR L'ANNEAU

Coupez deux morceaux de fil de fer argentés de 15 cm environ et un de 30 cm. Prenez tous les fils en leur milieux, avec le plus long, entourez les autres de façon serrée sur environ 1 cm.

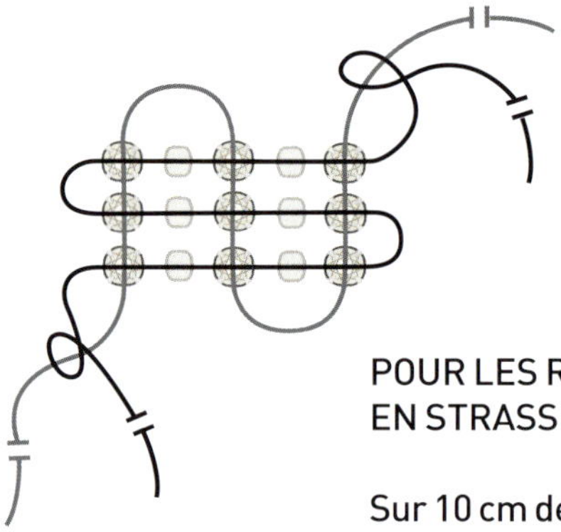

POUR LES RECTANGLES EN STRASS

Sur 10 cm de fil de nylon, enfilez 9 strass à coudre, avec un second fil passer dans l'autre sens dans la première puis enfilez une perle de rocaille et passez le fil dans le sixième strass, enfilez à nouveau une perle de rocaille et passez dans le septième strass puis le huitième strass, une perle de rocaille, le cinquième, une perle, le deuxième, le troisième, une perle, le quatrième une perle et le neuvième strass. Fermez en faisant un nœud avec les fils. Recommencez l'opération une seconde fois.

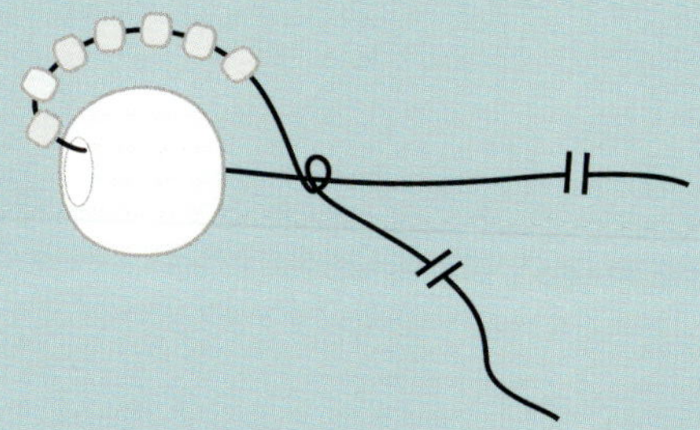

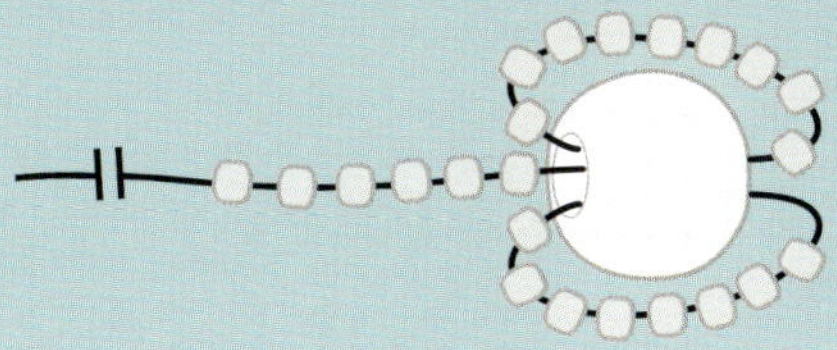

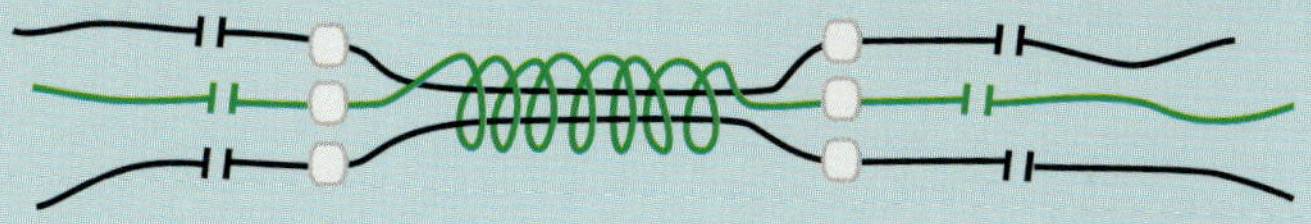

POUR LA PERLE CENTRALE

Prenez la grosse perle et un morceau de 50 cm de fil de nylon. Passez le fil dans le trou de la perle enfilez dessus 5 perles de rocaille puis faites un nœud. Repassez le fil dans le trou et enfilez 5 perles de rocailles avant de repasser dans le trou. Recommencez l'opération jusqu'à recouvrir totalement la perle et faites un nœud serré, puis coupez à ras.

POUR MONTER LA BAGUE

Prenez l'anneau. Séparez les fils et de chaque coté, enfilez sur chacun d'eux une perle de rocaille et les rectangles strassés dans le sens de la hauteur, et à nouveau une perle de rocaille. Croisez les fils dans la perle centrale. Avec le plus long de chaque côté, entourez les autres fils en serrant et coupez les plus courts au ras de la perle.

ORIENTALE★★

Les rocailles dorées associées aux toupies couleur pétales de rose... et voici l'Orient ornant votre main !

FOURNITURES

- 8 toupies cristal roses de 6 mm
- 1 tube de perles de rocaille à broder dorées
- 1,5 m de fil de nylon

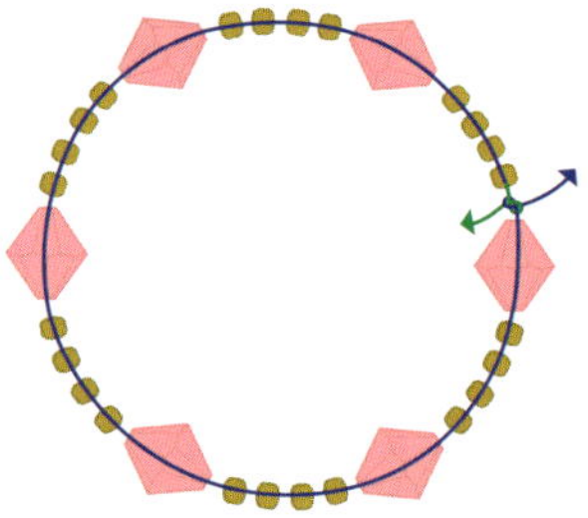

1 Démarrez le motif extérieur de la bague en alternant rocailles et toupies.

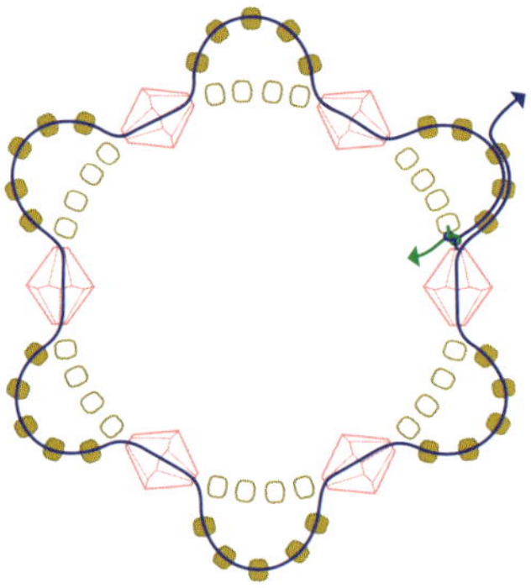

2 Enchaînez sur le 2e tour comme indiqué pour commencer à former des boucles.

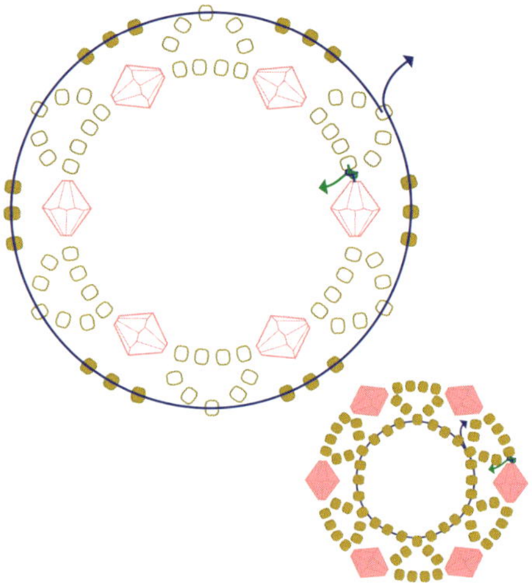

3 Tirez sur le fil pour ramener les boucles vers l'intérieur et donner sa forme définitive à la bague, comme sur le dessin.

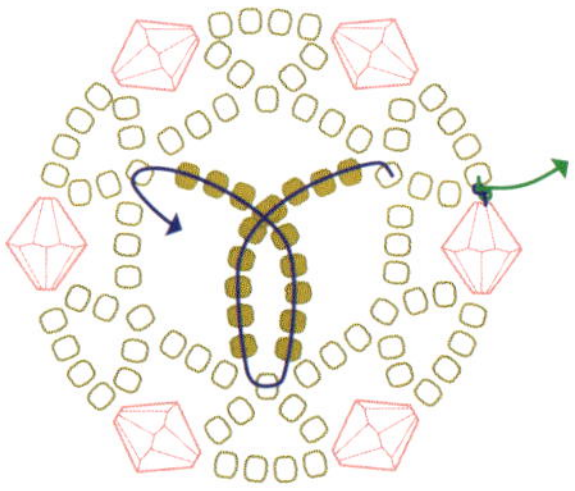

4 Faites des arcs de cercle en boucle pour relier le centre.

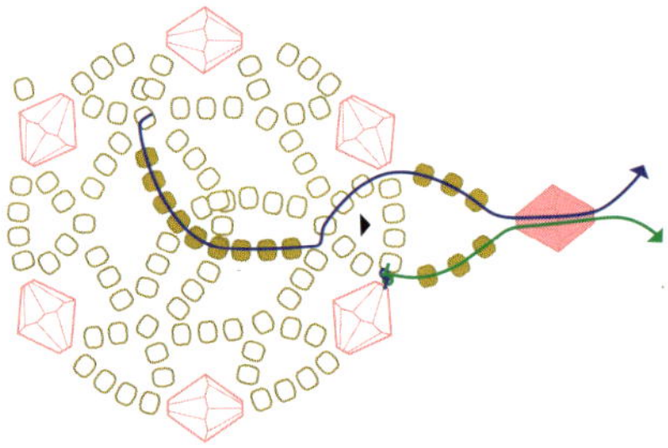

5 Démarrez l'anneau et continuez ainsi pour réaliser votre tour de doigt.

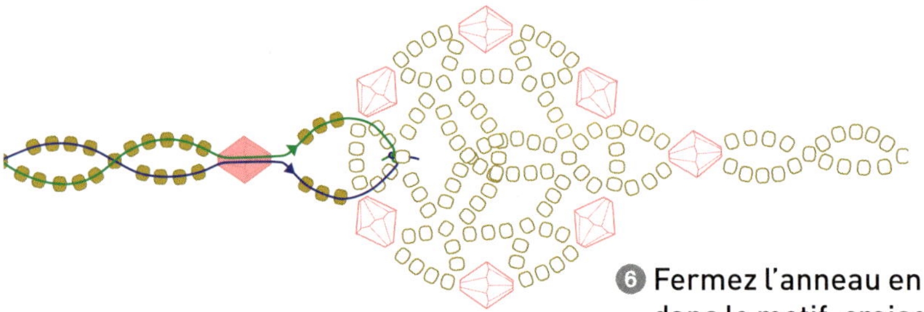

6 Fermez l'anneau en avançant dans le motif, croisez et nouez les fils pour terminer.

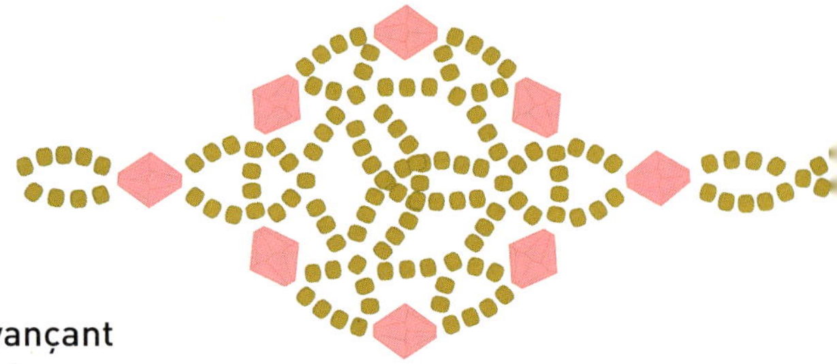

TSARINE★★

Un bijou de turquoise et d'or, souligné de quelques chaînettes qui accentuent son aspect baroque.

FOURNITURES

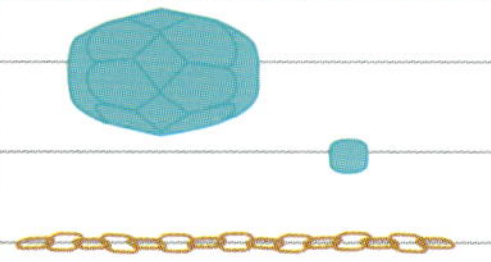

2 perles à facettes turquoise et or

1 tube de perles de rocaille à broder turquoise mat

7 cm de chaîne fine en cuivre

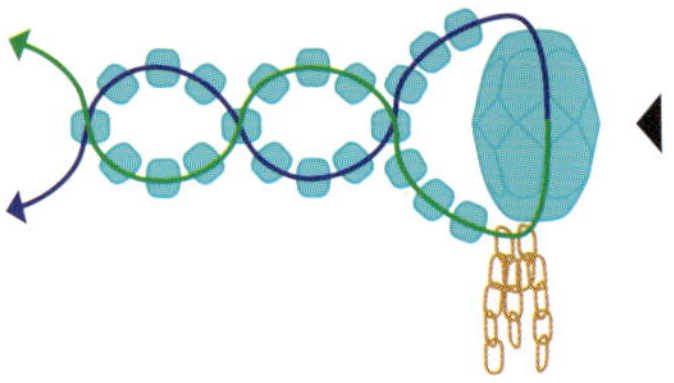

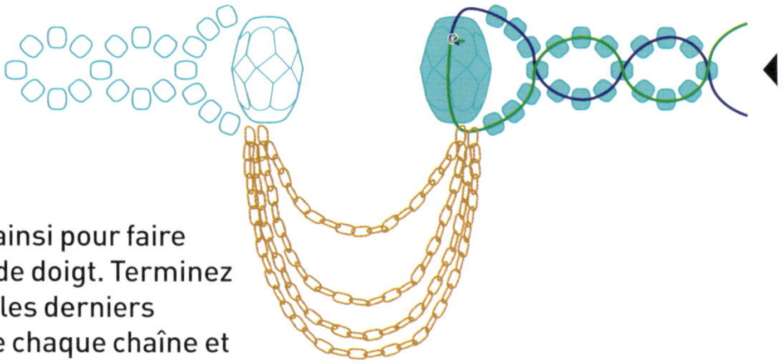

1. Coupez la chaîne en 4 morceaux : un de 1 cm, un de 1,5 cm, un de 2 cm et un de 2,5 cm. Enfilez l'une des 2 grosses perles. Sur l'un des côtés du fil, placez le premier maillon de chaque morceau de chaîne, puis démarrez l'enfilage des rocailles comme sur le schéma.

2. Continuez ainsi pour faire votre tour de doigt. Terminez en enfilant les derniers maillons de chaque chaîne et la grosse perle, puis nouez. Il doit y avoir un espace suffisant au centre, entre les 2 grosses perles.

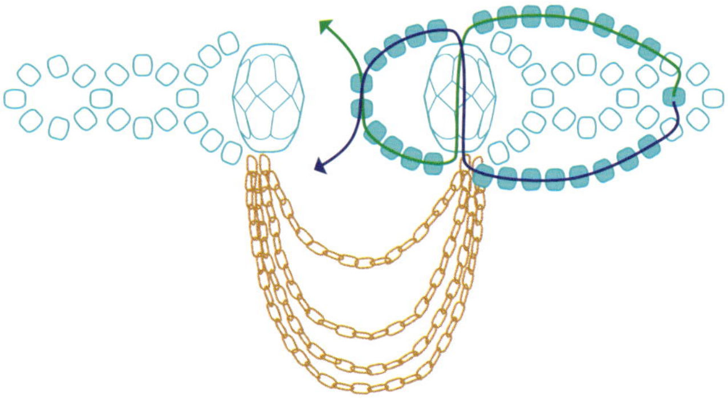

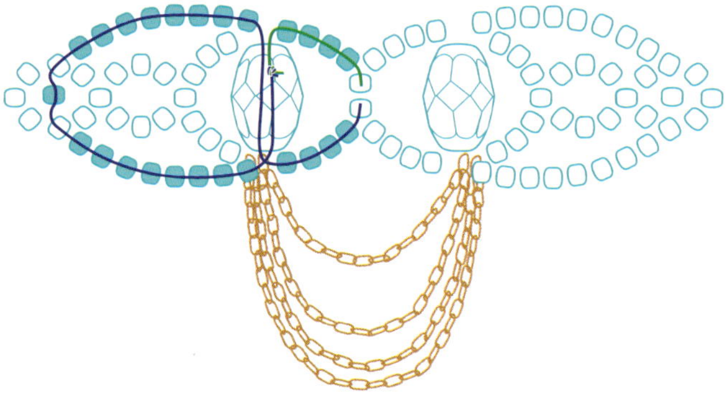

3. Avec un autre morceau de fil de cuivre, démarrez l'enfilage qui liera le motif central, en suivant les indications des schémas 3 et 4.

4. Nouez les 2 extrémités des fils pour fermer l'anneau, puis enfoncez le nœud dans l'une des perles du centre pour le masquer.

BELLE DE NUIT★★★

Une bague envoûtante par ses multiples reflets et cette perle bouton en son centre, pour briller le soir...

FOURNITURES

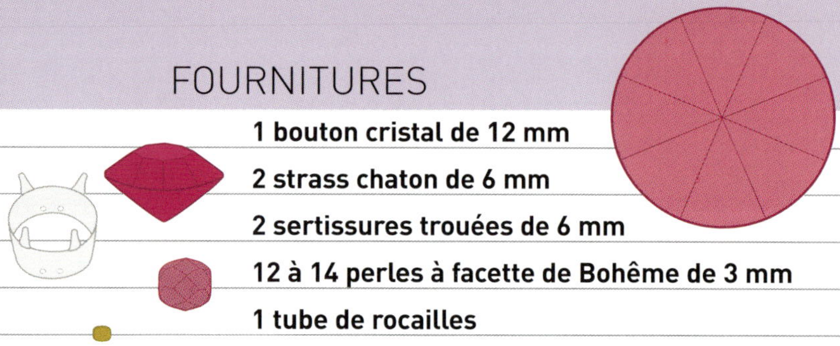

- 1 bouton cristal de 12 mm
- 2 strass chaton de 6 mm
- 2 sertissures trouées de 6 mm
- 12 à 14 perles à facette de Bohême de 3 mm
- 1 tube de rocailles
- 1 mètre de fil de nylon de 0,25 mm

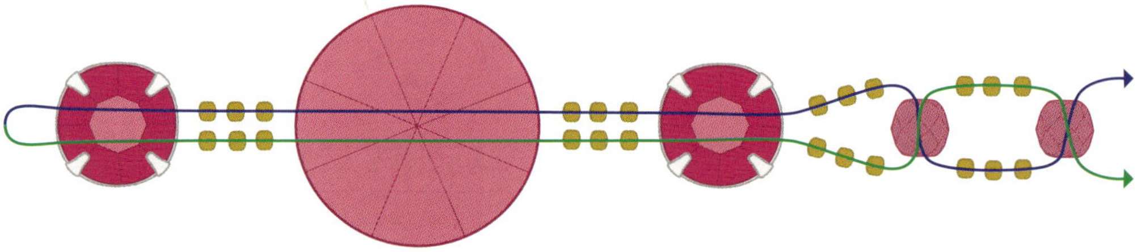

❶ Insérez un strass chaton de 6 mm dans sa sertissure. Bloquez le strass en rabattant les 4 griffes sur celui-ci.

❷ Pliez le fil de nylon en deux parties égales, et enfilez les deux extrémités dans les deux trous de la sertissure.

❸ De chaque côté du fil, enfilez 3 perles de rocaille, le bouton cristal, 3 perles de rocaille, puis le 2e strass serti.

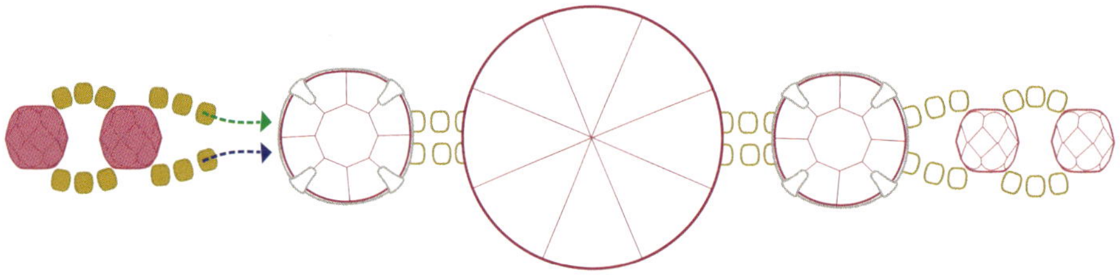

❹ Pour réaliser l'anneau de la bague, enfilez 3 perles de rocaille de chaque côté. Croisez le fil dans une perle à facettes de 3 mm, et recommencez l'opération 10 à 12 fois selon la taille du doigt.

❺ Passez les 2 fils dans la 1re sertissure et faites un double nœud à l'intérieur de celle-ci. Déposez de la colle dessus et coupez.

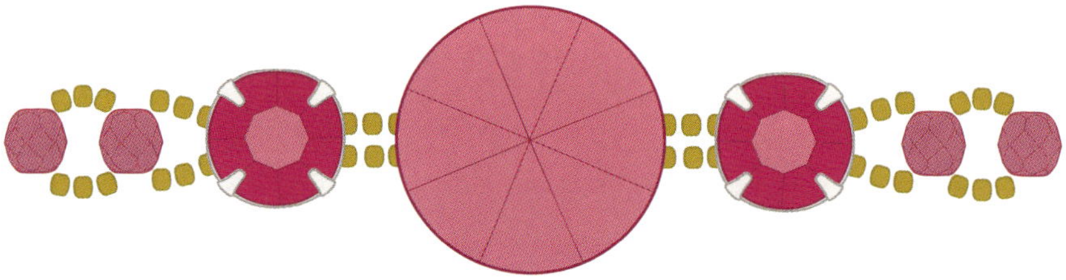

ROSÉE*

Une goutte de rosée délicatement posée sur une feuille de rocailles irisées, toute en demi-teintes.

FOURNITURES

- 1 tube de petites perles de rocaille
- 1 perle goutte en verre transparent

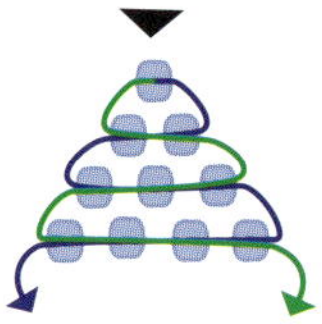

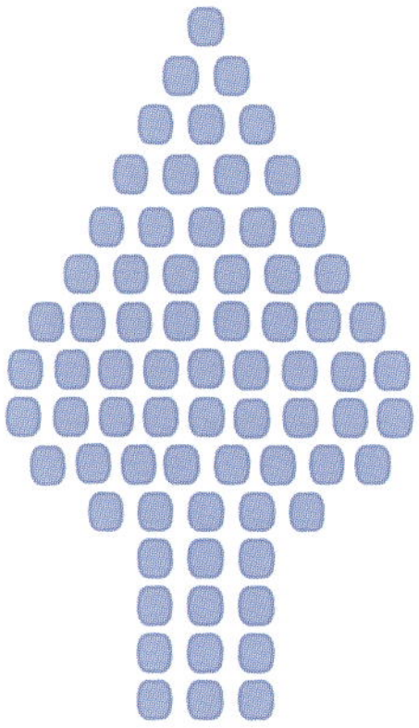

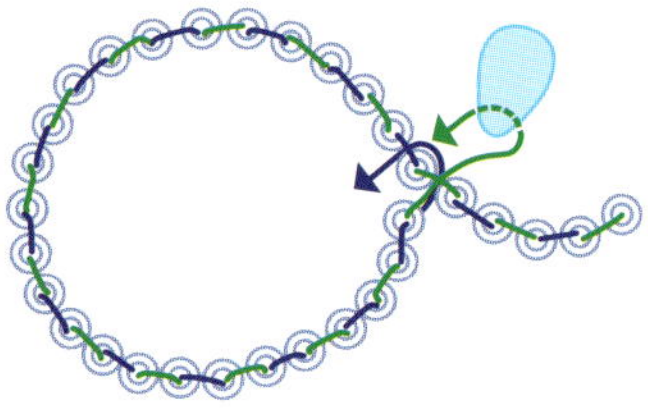

1. Commencez par tisser la feuille en suivant le schéma ci-dessus, augmentez d'une perle à chaque rang ainsi jusqu'au 8e rang.

2. Ajoutez 2 perles au rang suivant et faites ensuite 2 rangs de 9 perles, puis un de 8 et un de 5 pour terminer la feuille selon le dessin ci-dessus.
Commencez l'anneau en tissant des rangs de 3 perles.
Pour terminer, nouez les fils de l'extrémité de la bague au rang de 6 perles.

3. Fixez la perle goutte sur la feuille avec du fil de fer en l'attachant à l'un des rangs, au milieu de la feuille.

PICOTS★★★

Les rocailles soulignent le dessin de cette bague tout en volume, tour à tour chatoyante ou estivale selon que vous choisirez des toupies brillantes ou mates.

FOURNITURES

- **10 facettes de 4 mm**
- **Facettes 3 mm pour le tour de doigt**
- **Rocailles**
- **36 toupies de 4 mm**
- **70 cm de fil de nylon**

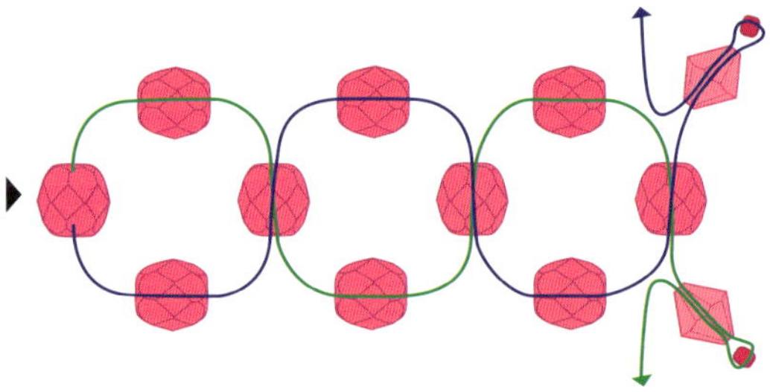

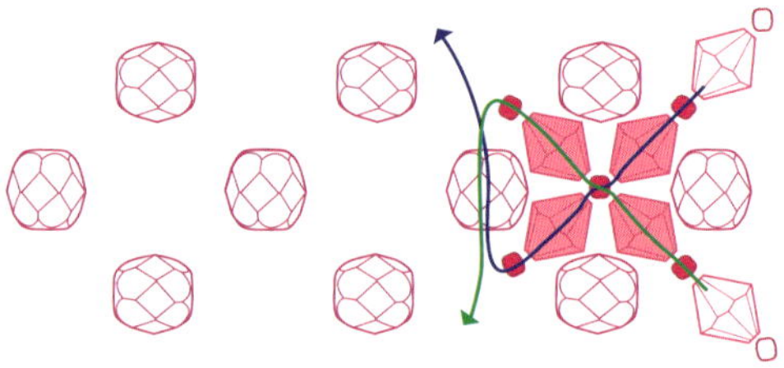

1. Placez, sur votre fil, 4 facettes, venez croiser l'une des extrémités dans la dernière. Enfilez sur chaque fil 1 facette et venez les croiser dans une troisième facette. Répétez cette opération. Mettez sur chaque fil 1 toupie et 1 rocaille. Repassez-les dans la toupie. Tendez bien vos fils. Vous aurez deux petits pics.

2. Enfilez sur chaque fil 1 rocaille, 1 toupie. Croisez-les dans 1 rocaille puis de nouveau sur chaque fil, ajoutez 1 toupie et 1 rocaille. Venez croiser les fils dans la facette du milieu.

3/4/5

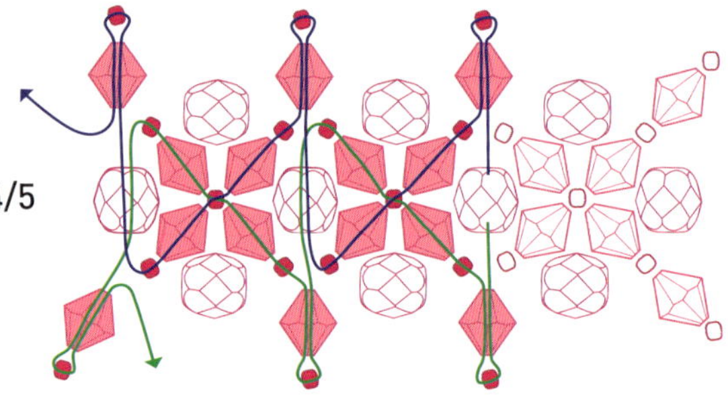

3. Mettez sur chaque fil 1 toupie et 1 rocaille. Repassez chacun d'eux dans la toupie. Serrez-les. Ajoutez 1 rocaille, 1 toupie sur chacun des fils puis croisez-les dans 1 rocaille. Mettez de nouveau 1 toupie, 1 rocaille et croisez vos fils dans la facette du milieu.

4. Faites 2 « pics » en ajoutant sur chaque fil 1 toupie, 1 rocaille. Passez de nouveau dans la toupie. Mettez sur chaque fil, 1 rocaille, 1 toupie, croisez-les dans 1 rocaille. Ajoutez 1 toupie et 1 rocaille sur chaque et croisez-les dans la facette du milieu.

5. Terminez les 2 derniers « pics » du bord gauche en mettant 1 toupie, 1 rocaille sur chaque fil, puis en repassant dans la toupie. Laissez de côté le fil bleu.

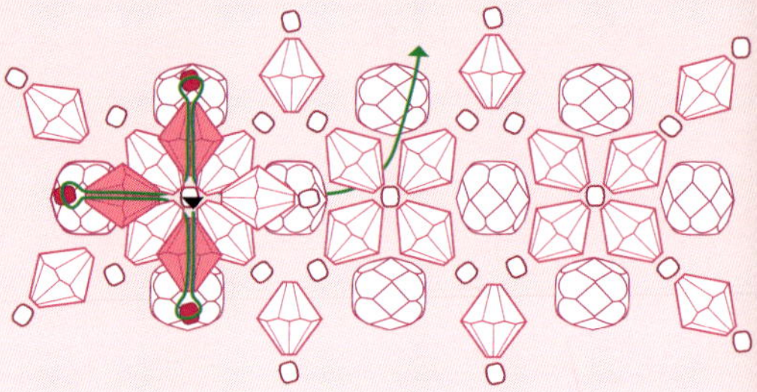

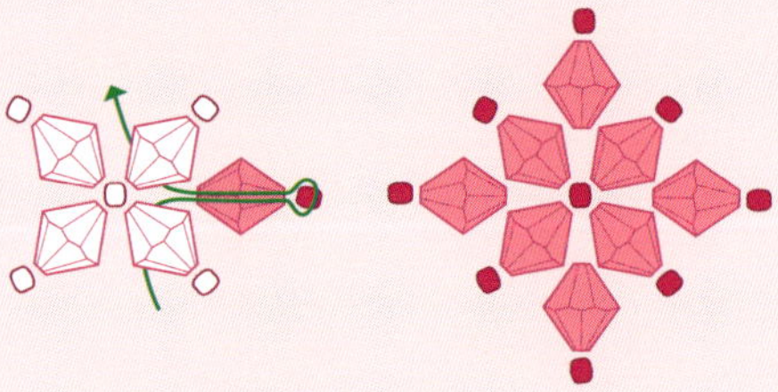

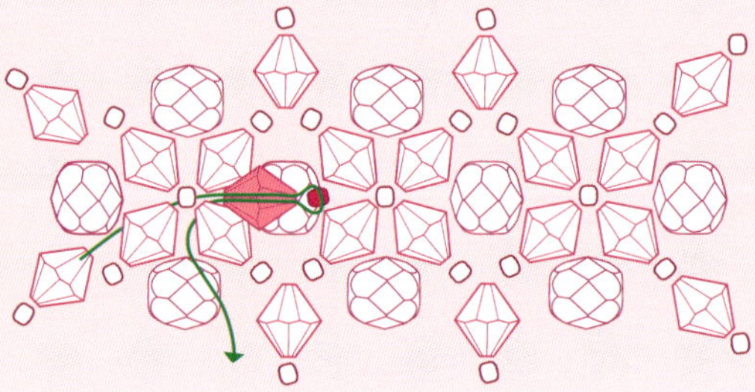

❻ Pour le placement des autres pics, observez bien votre bague : vous avez 3 « fleurs ».
Passez votre fil sous la toupie du bas comme sur le schéma.
Enfilez 1 toupie, 1 rocaille, repassez le fil dans la toupie puis sous la toupie du haut. Procédez de la même manière pour placer les 4 « pics » autour de la « fleur » comme sur le dessin.
Tirez bien votre fil au fur et à mesure de l'avancée du travail.

❼ Pour placer le 1er pic, passez le fil vert sous les toupies du dessus, ajoutez 1 toupie, 1 rocaille et repassez le fil dans la toupie. Passez sous la toupie suivante.

❽ Placement du pic situé en bas de la fleur : mettez 1 toupie, 1 rocaille, retournez dans la toupie puis sous la toupie gauche de la « fleur » (tournez dans le sens des aiguilles d'une montre).
Ajoutez 1 toupie, 1 rocaille, repassez dans la toupie puis sous celle de la « fleur ». Pour le quatrième « pic », procédez de même puis glissez votre fil sous les toupies jusqu'au milieu de la fleur suivante.

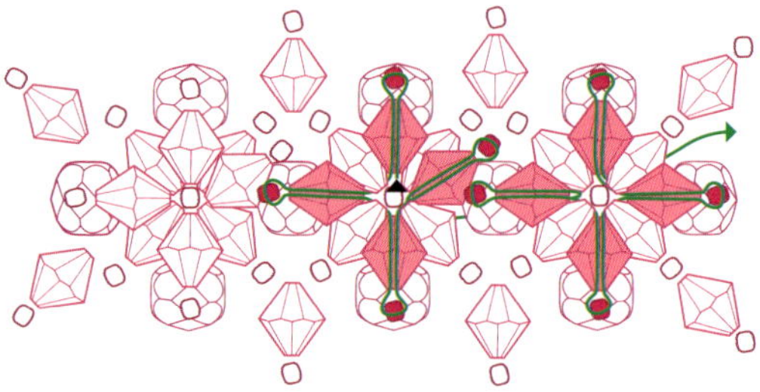

❾ Toujours avec le même fil vert, continuez de faire vos pics en passant en dessous des toupies « fleurs ».

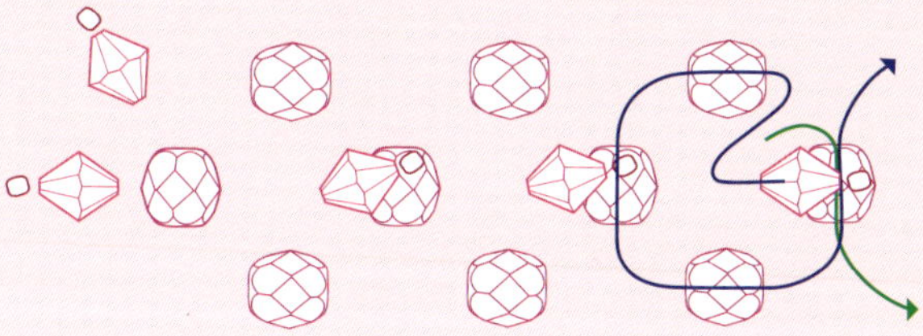

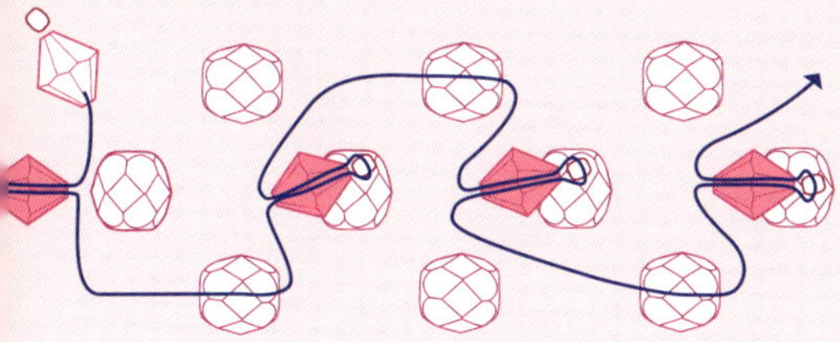

⑩ Afin que vous puissiez vous y retrouver facilement, le schéma dessus ne reprend que le tissage initial des facettes. Enfilez sur le fil bleu, 1 toupie et 1 rocaille, repassez dans la toupie puis avancez dans la facette du bas. Continuez de la même façon pour les 3 autres « pics ».

⑪ Passez le fil vert dans la facette du bout. Faites faire le tour des facettes au fil bleu (travaillez sur l'envers) pour le tour de doigt.

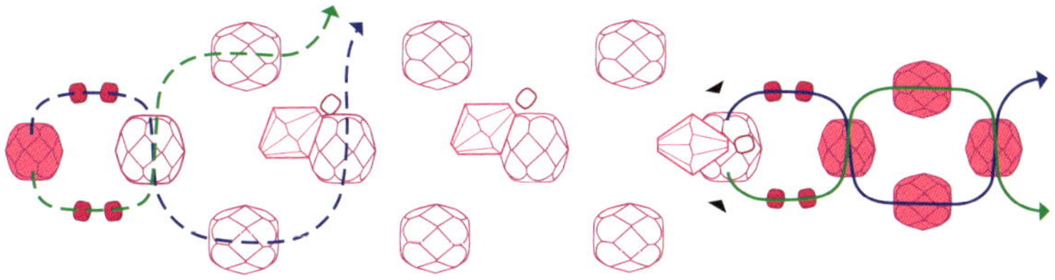

On peut jouer sur le contraste des couleurs entre les picots et les toupies et sur le ton de ces dernières. Les toupies mates ou demi-mates en font un bijou fantaisie très agréable à porter avec une tenue d'été.

⑫ Enfilez sur chaque fil 2 rocailles, croisez-les dans 1 facette de 3 mm. Ajoutez sur chaque fil 1 facette de 3 mm puis croisez-les dans 1 autre facette de même dimension. Continuez jusqu'à obtenir la taille de votre doigt puis finissez par 2 rocailles sur chaque fil. Croisez-les sur la facette du bout. Faites rejoindre les fils comme sur le schéma afin de les nouer. Avancez dans quelques perles avant de les couper.

FANIONS★

Un modèle très simple à faire. Vous pouvez opter pour des couleurs printanières ou un camaieu plus doux, au gré de vos envies.

FOURNITURES

- 45 perles de rocaille à broder bleues
- 45 perles de rocaille à broder roses
- 45 perles de rocaille à broder vertes
- 9 perles tubulaires transparentes
- 20 cm de fil de nylon
- 1,5 m de fil de fer

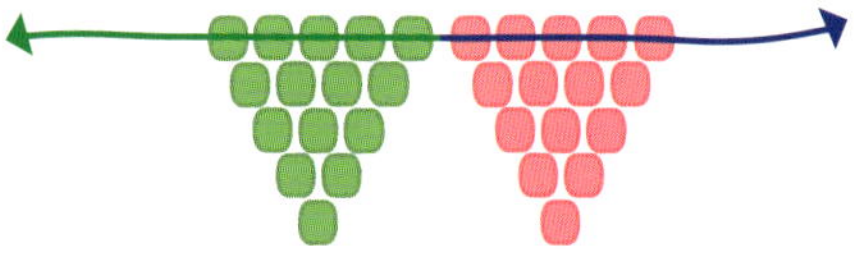

1. Fabriquez 9 fanions en suivant le schéma (3 dans chaque couleur).

2. Assemblez-les, base contre base, en glissant le fil de nylon, puis nouez.

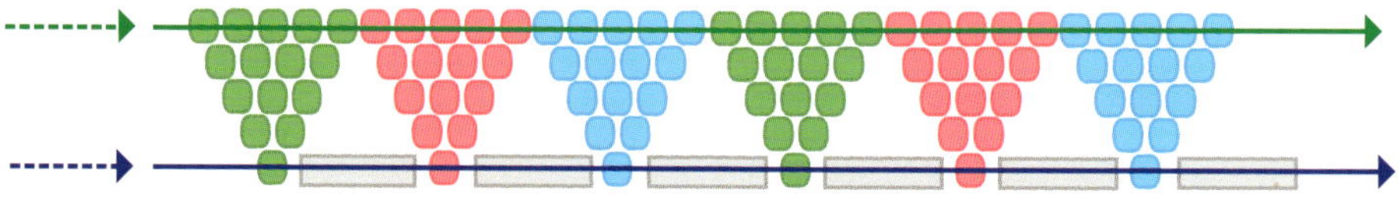

3. Assemblez les pointes avec un fil de nylon en intercalant une perle tubulaire.

BAGUES CHAÎNÉES★★

Toute l'élégance d'une bague sobre et fine, aux tons fruités.

FOURNITURES

30 perles de rocaille rouges

1 toupie cristal de 4 mm

30 cm de fil de cuivre

1 pince

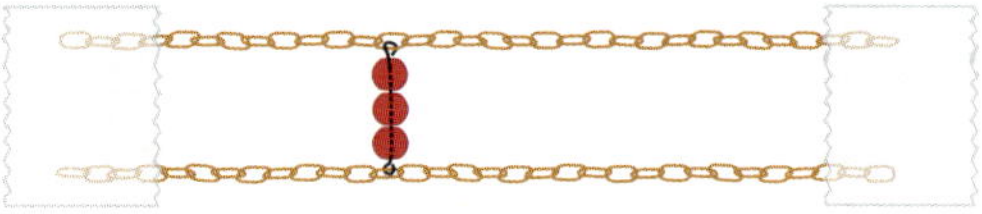

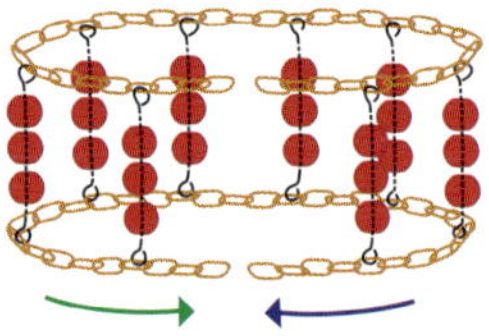

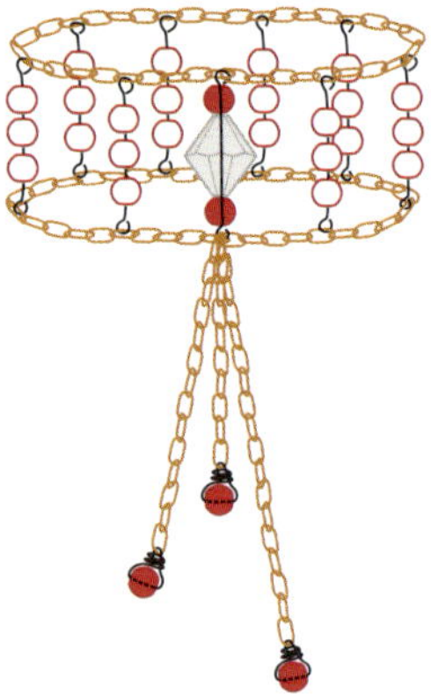

1. Coupez 2 morceaux de chaîne de 6 cm. Scotchez-les parallèlement sur votre plan de travail. Enfilez 3 perles de rocaille sur du fil de cuivre. Fixez chaque extrémité aux maillons de la chaîne.

2. Disposez ainsi 8 rangs de 3 perles à intervalles réguliers (laissez 4 maillons vides).

3. Fermez l'anneau avec du fil de cuivre sur lequel vous enfilez : 1 perle de rocaille, 1 perle de cristal puis 1 perle de rocaille. À l'une des extrémités du fil de cuivre, fixez 4 morceaux de chaîne (un de 3,5 cm, deux de 2 cm, un de 1 cm). Fixez une petite perle à leurs extrémités.

VARIANTE :
12 cm de chaîne en cuivre épaisse
Fil du cuivre
30 perles de rocaille turquoise
5 perles plates en verre, de couleur verte

Enfilez 1 grosse perle sur du fil de cuivre. Fixez chaque extrémité aux maillons de la chaîne. Enfilez 5 perles de rocaille sur du fil de cuivre. Fixez chaque extrémité aux maillons de la chaîne. Recommencez ainsi sur toute la longueur en alternant ligne de rocaille et grosse perle.
Fermez la bague en attachant les extrémités ensemble avec un brin de fil de cuivre.

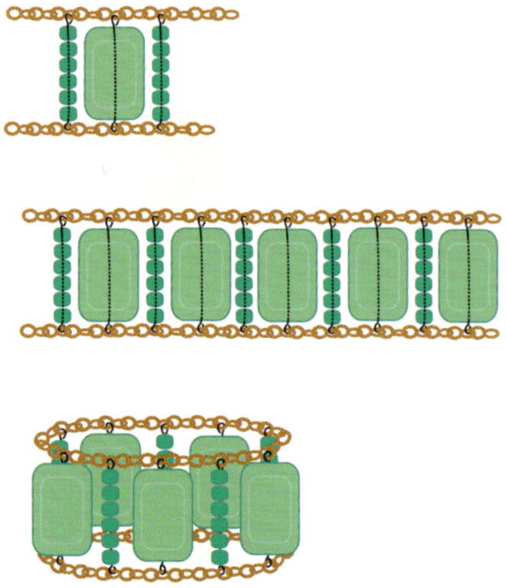

MODÈLES JEUNES

Voici quelques modèles spécialement conçus pour des juniors (à partir de 8 ans). Amusez-vous à les monter et imaginez-les dans d'autres couleurs, à votre goût. Pour faire comme les grandes !

QUELQUES CONSEILS

LES PERLES
Outre les perles décrites en page 6, nous avons choisi des perles spéciales et peu coûteuses pour ces modèles. On les trouve dans les magasins spécialisés et les merceries. Les gouttes sont filées au chalumeau. Leur surface est lisse (très « tendance »).

Leurs coloris sont doux, de qualité mate, irisée ou brillante.
Elles existent en 4 et 6 mm.
Les yeux de chat sont des pierres rondes, ou légèrement facettées, de 4, 6 et 8 mm, dans des pastels dégradés.

LIRE LES SCHÉMAS
Le principe est le même que pour les modèles adultes (lire page 6).
Les niveaux de difficulté vont du plus facile (1 étoile) au plus confirmé (3 étoiles).
Commencez par le niveau 1 pour bien comprendre les bases.

FAIRE VOTRE TOUR DE DOIGT
Pour faire l'anneau, n'utilisez que des rocailles, car les facettes vous gêneraient. Fabriquer l'anneau consiste à faire une succession de petits cercles en utilisant la technique du « croisé » : vos deux fils passent dans les mêmes perles mais en sens contraire.
Le premier bout de votre fil sort à droite de vos perles, le second sort à gauche. Faites votre bague sur votre majeur plutôt que l'auriculaire. Ainsi, en grandissant, vous pourrez continuer à porter votre bague en la passant sur le doigt d'à côté.

Première méthode :
C'est la méthode la plus facile : on ajoute une seule perle à chaque fois. Placez une rocaille sur chaque fil puis croisez-les dans une seule rocaille. Vous obtenez un premier petit cercle. Ajoutez une rocaille sur chaque fil et croisez-les dans une autre rocaille. Continuez de la même façon jusqu'à obtenir la taille de votre doigt.

Deuxième méthode :
Placez une rocaille sur chaque fil. Ajoutez deux rocailles sur l'un des fils et croisez-y l'autre fil. Recommencez le montage.

Troisième méthode :
Travaillez les rocailles deux par deux. Enfilez deux rocailles sur chaque fil, puis croisez-les dans deux rocailles. Poursuivez jusqu'à la bonne longueur.

Quatrième méthode :
Placez une rocaille sur chaque fil et croisez-les dans un mini-bâton. Continuez ainsi jusqu'à obtenir la taille voulue.

Cinquième méthode :
Mettez deux rocailles sur chaque fil puis croisez-les dans un mini-bâton. Poursuivez de la même façon jusqu'à la fin.

Première méthode

Deuxième méthode

Troisième méthode

Quatrième méthode

Cinquième méthode

RONDELETTE*

FOURNITURES

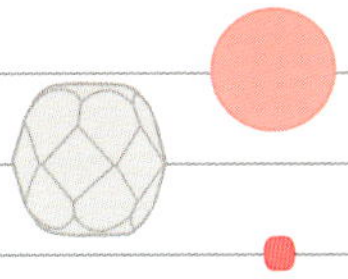

6 « œil de chat » de 4 mm
1 facette de 6 mm
Rocailles
0,50 cm de fil de nylon

Vous pourrez varier sa réalisation en choisissant des perles de 2 couleurs différentes en les alternant sur le rond.

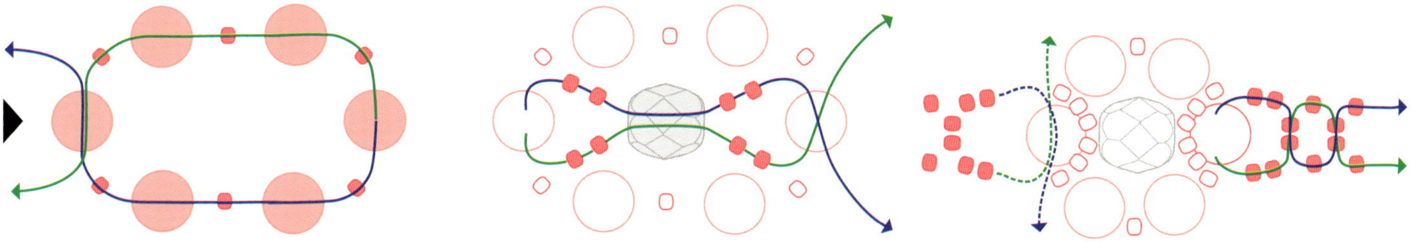

1. Alternez sur votre fil les yeux de chat et les rocailles puis croisez-le dans la 1re perle. En serrant vos fils, vous obtenez un rond.
2. Enfilez 2 rocailles sur chaque fil, rassemblez-les pour les glisser dans la facette 6 mm. Ajoutez encore 2 rocailles sur chaque fil, puis croisez-les dans la perle de droite.
3. Le dessus de votre bague étant terminé, faites maintenant le tour de doigt avec les rocailles. Choisissez pour cela l'une des 5 méthodes de montage de l'anneau proposées page 56 puis terminez en rassemblant vos fils pour les nouer.

VARIANTE :
6 facettes de 4 mm
1 facette de 8 mm
Rocailles
0,50 cm de fil de nylon

Montez l'étape n°1 du modèle initial avec les facettes. Enfilez 1 rocaille sur chaque fil, passez-les ensemble dans la facette de 8 mm puis ajoutez encore 1 rocaille de chaque côté. Croisez les fils dans la facette de droite. Montez votre tour de doigt.

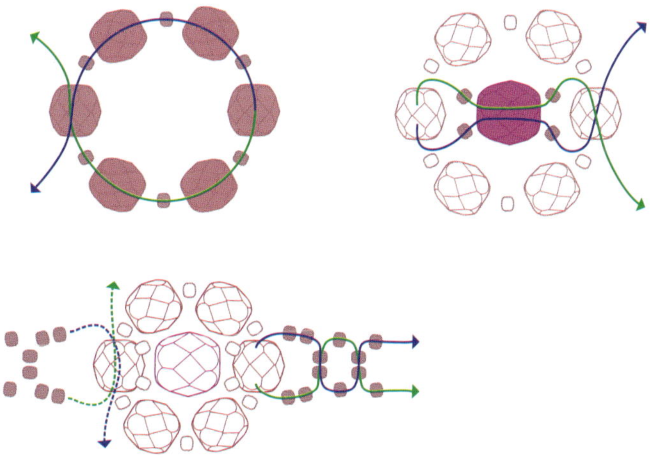

CROISILLONS**

FOURNITURES

	9 toupies de verre de 4 mm
	Rocailles
	60 cm de fil de nylon

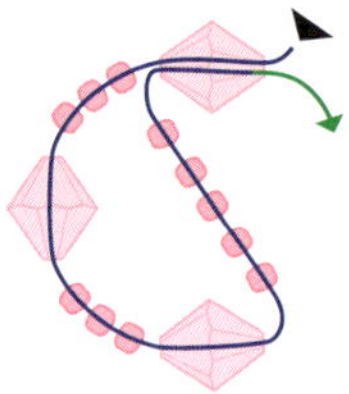

1 Enfilez 1 toupie, 3 rocailles, 1 toupie, 3 rocailles, 1 toupie puis 5 rocailles. Passez le fil dans la toupie du départ. Les deux fils sortent du même côté de la perle.

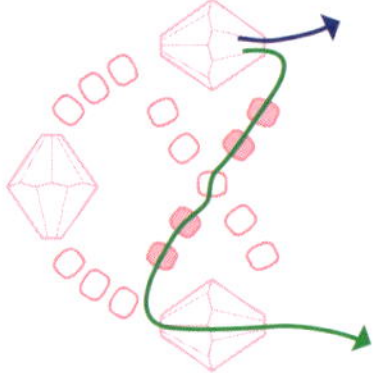

2 Placez 2 rocailles comme sur le schéma, passez dans la 3e rocaille du milieu puis ajoutez encore 2 rocailles. Avancez dans la toupie du bas.

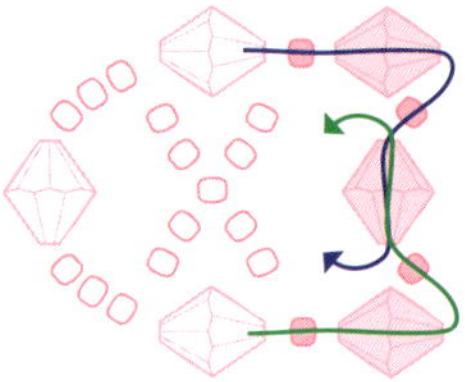

3 Enfilez sur chaque fil 1 rocaille, 1 toupie, 1 rocaille, puis croisez-les dans 1 toupie.

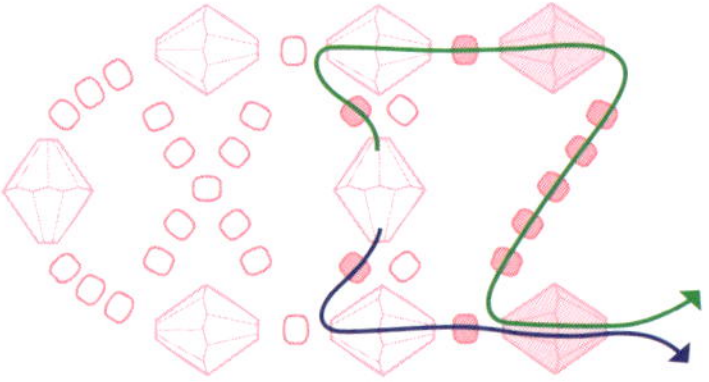

4 Ajoutez 1 rocaille sur chaque fil, puis passez le fil bleu dans la toupie du bas et le fil vert dans la toupie du haut. Sur le fil bleu, ajoutez 1 rocaille et 1 toupie. Sur le fil vert, placez 1 rocaille, 1 toupie et 5 rocailles, puis passez-le dans la toupie du bas.

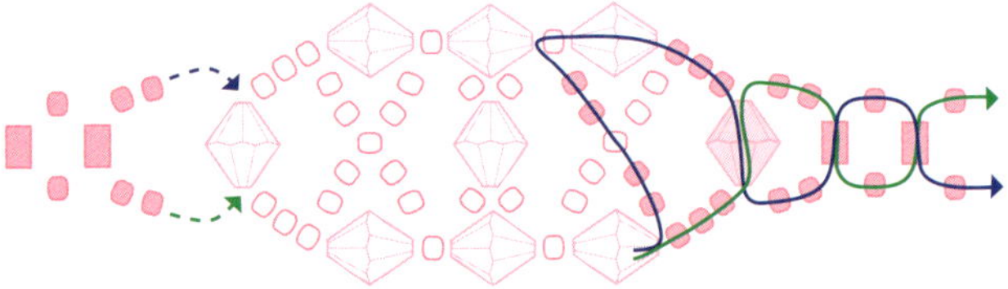

5 Placez 2 rocailles sur le fil bleu, passez dans la rocaille du milieu et ajoutez 2 autres rocailles. Avancez dans la toupie du haut. Enfilez sur chaque fil 3 rocailles et croisez-les dans 1 toupie. Faites le tour de doigt, puis croisez les fils dans la toupie du départ. Nouez vos fils puis continuez dans quelques perles avant de couper.

GOUTTELETTES***

FOURNITURES

- 5 gouttes 4 mm bleu foncé
- 5 gouttes 4 mm bleues
- 5 gouttes 4 mm bleu clair
- Rocailles
- 0,60 cm de fil de nylon

Travaillez sur l'envers de la bague, les pointes des gouttes placées vers vous et veillez à ce qu'elles ne se retournent pas.

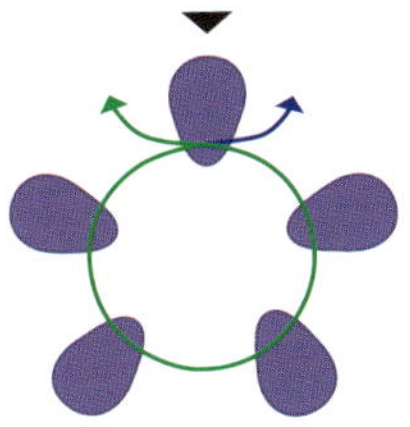

1 Placez sur le fil 5 gouttes bleu foncé, puis enfilez le fil droit (vert) dans la 1re goutte pour former un cercle.

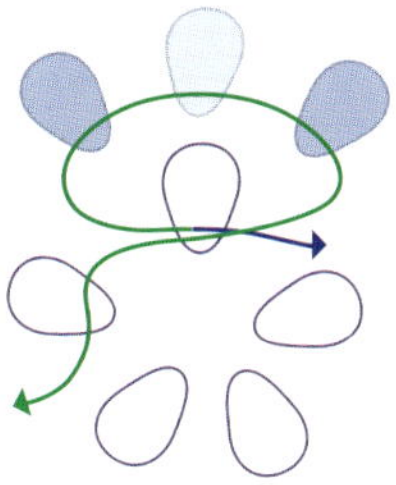

2 N'utilisez que le fil vert (à gauche sur le schéma) pour les étapes suivantes : placez 1 goutte bleue, 1 goutte bleu ciel et 1 goutte bleue. Passez ce fil dans la goutte bleu foncé du cercle, puis dans celle située à côté.

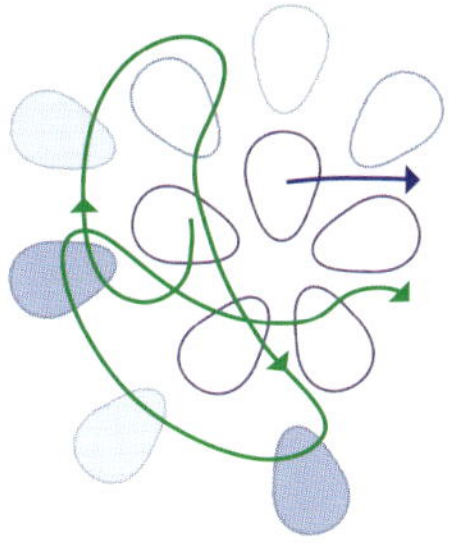

3 Placez 1 goutte bleue et 1 goutte bleu ciel. Passez le fil dans la goutte bleue placée à l'étape précédente. Mettez ensuite le fil dans les 2 gouttes bleu foncé du cercle. Refaites encore 1 fois ce montage.

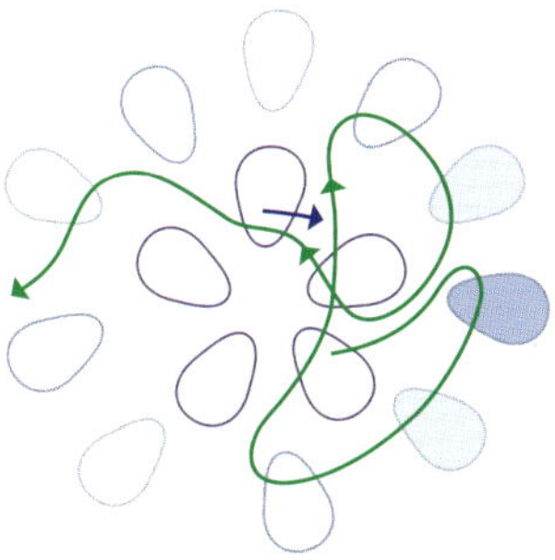

4 Recommencez encore 1 fois le montage de l'étape précédente. Le dernier montage consiste à passer dans la goutte bleue du départ, à ajouter la dernière goutte bleu ciel puis à avancer dans les 2 gouttes bleu foncé du milieu et dans la goutte bleu ciel à gauche.

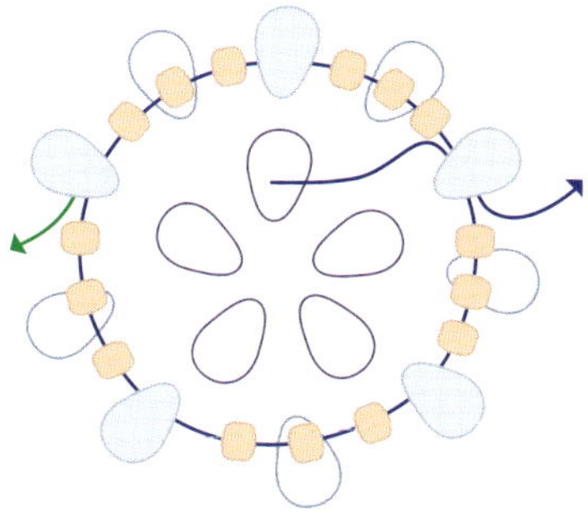

5 Pour consolider, passez le fil bleu dans la goutte extérieure puis faites le tour dans toutes les gouttes bleu ciel, en ajoutant entre chacune d'elles 3 rocailles.

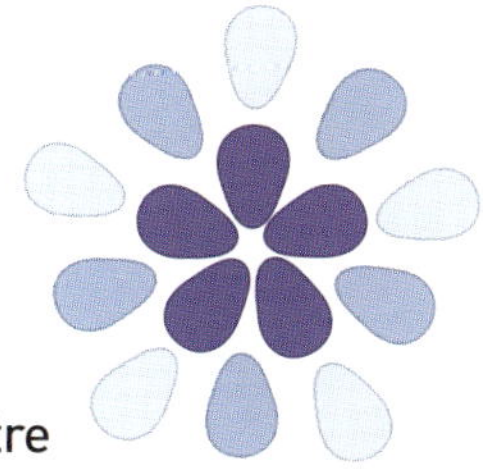

Les couleurs doivent être disposées comme sur le dessin.

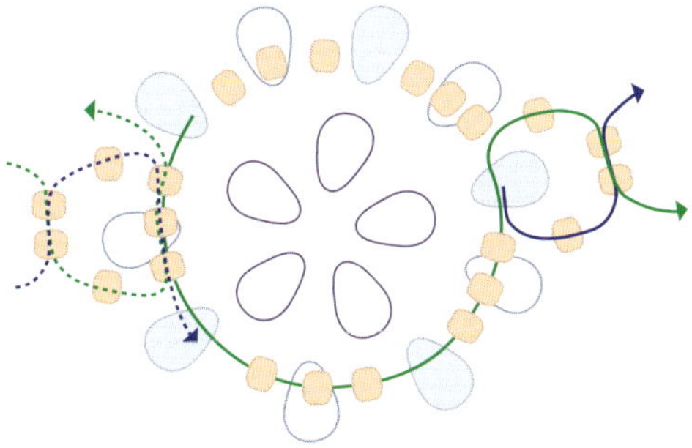

6 Avancez le fil vert jusqu'à la goutte bleue de droite en passant dans toutes les gouttes et les rocailles extérieures jusqu'à la goutte indiquée sur le dessin. Amenez le fil bleu jusqu'à cette goutte. Les 2 fils ressortent de chaque côté. Tissez le tour de doigt de votre choix, puis croisez les 2 fils dans les 3 rocailles d'en face. Rassemblez vos fils pour les nouer.

FLEUR DE NACRE**

FOURNITURES

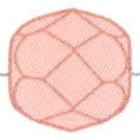
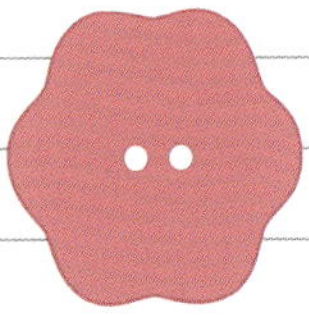
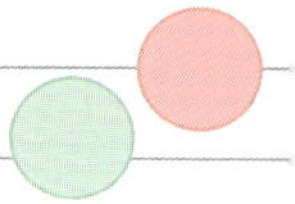

4 facettes de 4 mm
5 rondes de 4 mm « œil de chat » roses
5 rondes de 4 mm « œil de chat » vertes
1 bouton de nacre de 15 mm de diamètre
Rocailles
70 cm de fil de nylon

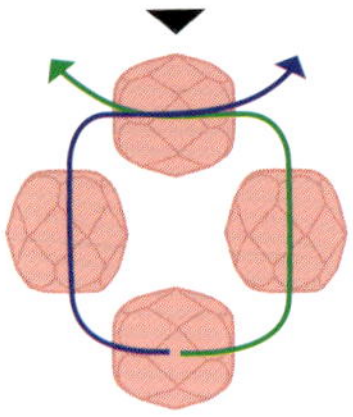

1. Placez les 4 facettes sur le fil puis croisez le fil de droite (fil vert) dans la 1re facette. En serrant les fils, vous aurez un petit rond qui servira de support à votre bague.

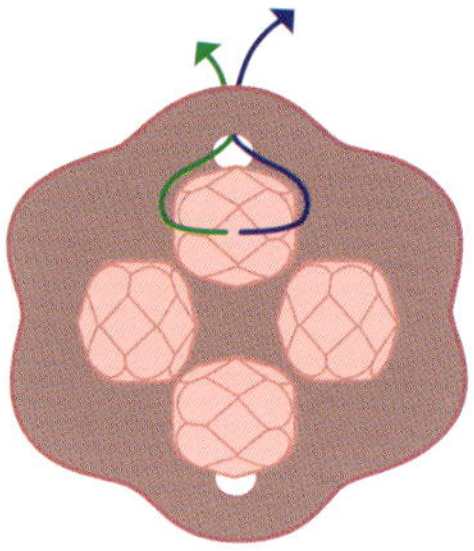

2. Les trous du bouton ont été déplacés sur ce dessin afin que vous compreniez bien comment fixer le rond. Prenez les 2 fils ensemble puis glissez-les dans le trou du haut.

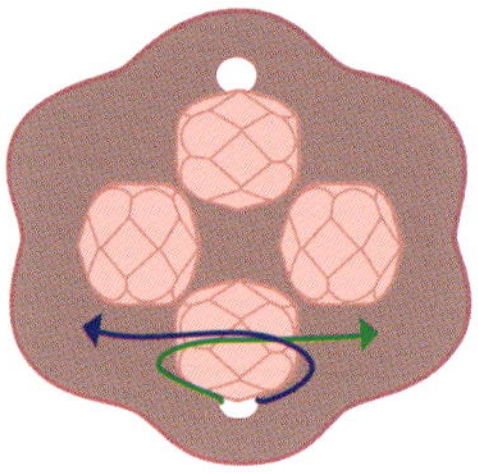

3. Ressortez les 2 fils dans le trou du bas, puis croisez-les dans la facette du bas.

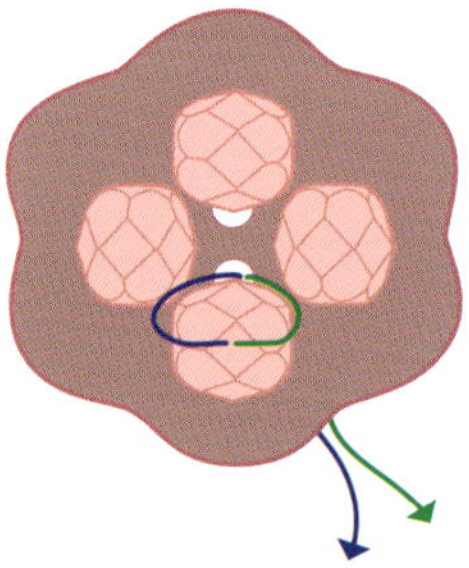

4. Sur ce schéma, les trous du bouton sont placés correctement. Passez les 2 fils dans le trou afin qu'ils ressortent sur l'endroit du bouton. Votre base est maintenant bien fixée sous le bouton.

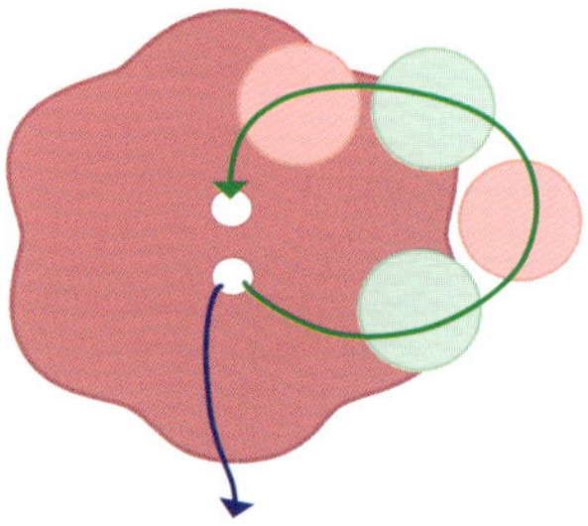

5. Retournez maintenant votre bouton. Enfilez sur le fil vert 4 « œil de chat » en intercalant les couleurs, puis passez-le dans le trou du haut pour le faire ressortir de l'autre côté. Retournez votre bouton, passez le fil dans la facette puis faites-le ressortir de l'autre côté par le trou du bas.

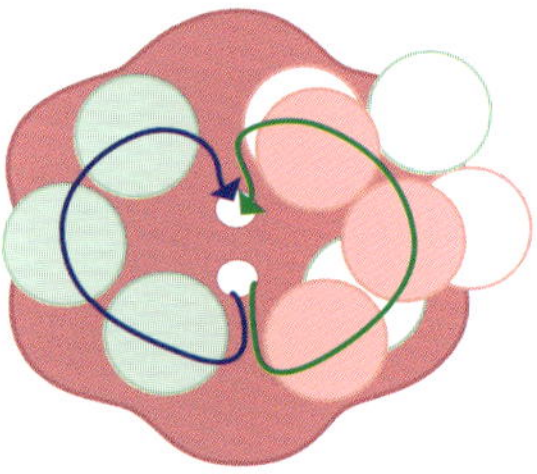

6. Placez sur le fil bleu 3 « œil de chat » vertes, sur le fil vert vos 3 derniers « œil de chat » roses, puis passez les 2 fils dans le trou du haut afin de les faire ressortir sur l'arrière du bouton. N'hésitez pas à appuyer sur les perles afin qu'elles trouvent leur place.

7. Croisez les 2 fils dans la facette puis commencez votre tour de doigt. Une fois terminé, venez croiser les fils dans la facette de droite. Avancez les fils dans les perles afin de les nouer.

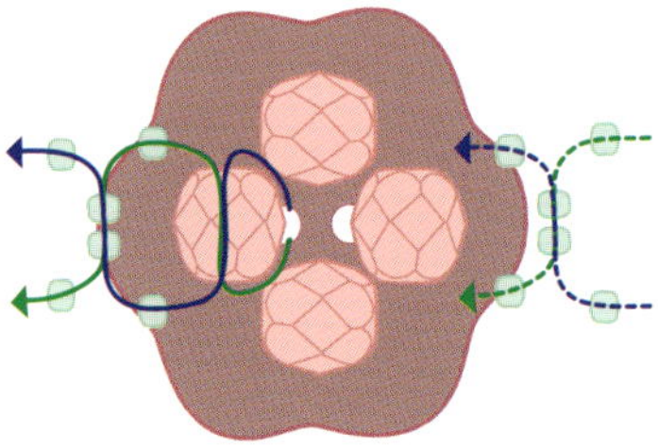

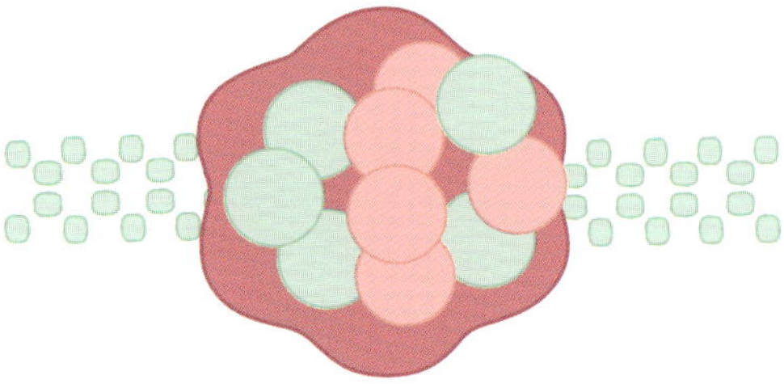

PERLES DE CIRE*

FOURNITURES

- 8 perles de cire de 4 mm
- 1 facette de 6 mm
- Rocailles
- 0,40 cm de fil de nylon

2 variantes de montage pour ce modèle pour vous démontrer qu'en modifiant juste le placement du tour de doigt, votre bague aura un aspect différent.

1E VARIANTE :
le tour de doigt placé en prolongement de la perle centrale, donnera une forme allongée dans le sens vertical.

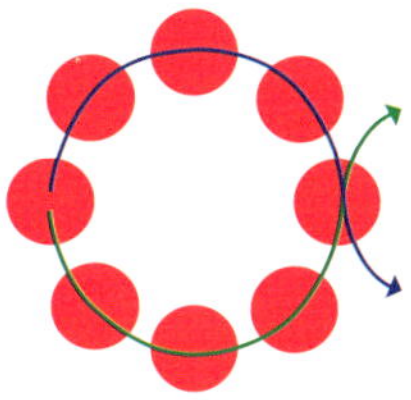

1. Venez croiser votre autre fil dans la dernière perle de cire. Votre rond est assemblé.

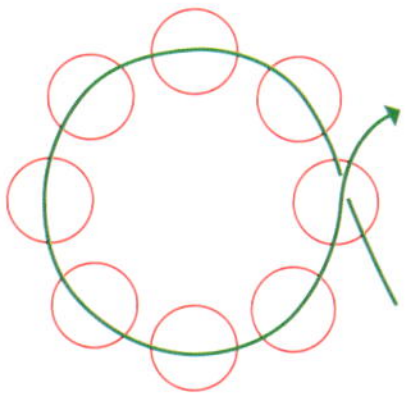

2. Afin de rendre votre bague plus solide, repassez le fil vert dans toutes les perles.

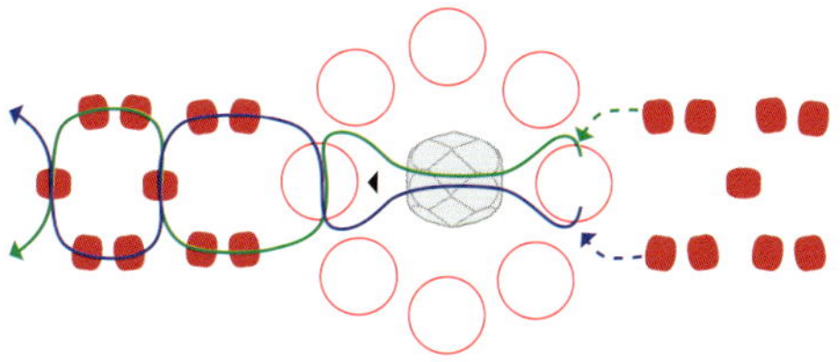

3. Rassemblez vos 2 fils et passez-les dans la facette. Venez les croiser dans la perle de cire située exactement en face de celle du départ, puis faites votre tour de doigt.

2E VARIANTE :
le tour de doigt sera perpendiculaire à la perle centrale. Vous aurez donc une forme allongée dans le sens horizontal.

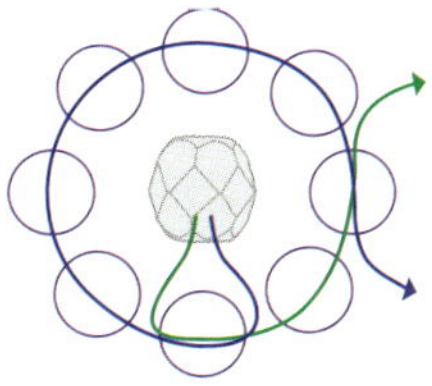

1. Faites la 1re étape du modèle initial et tournez votre rond afin que vos fils sortent vers le bas. Passez les fils ensemble dans la facette, croisez-les dans la perle du haut, puis avancez vos fils jusqu'à la perle de droite.

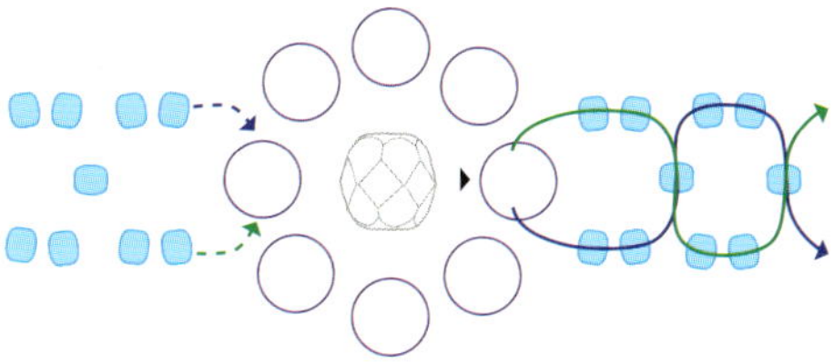

2. Tissez votre tour de doigt de votre choix.

PAILLETTES ÉTOILÉES***

FOURNITURES

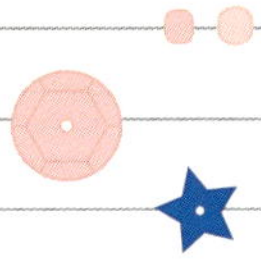

Perles rondes de 2 mm	
4 paillettes rondes	
4 paillettes étoilées	
Rocailles	
0,50 cm de fil de nylon	

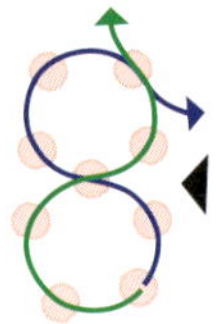

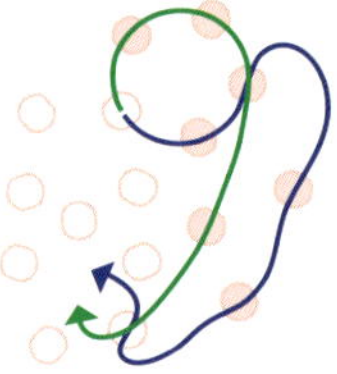

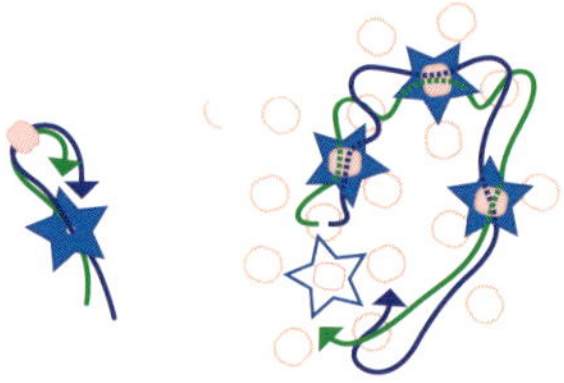

① Mettez 5 perles sur votre fil puis croisez-le dans la 1ère. Enfilez 2 rondes sur le fil bleu, 1 ronde sur le fil vert puis croisez-les dans 1 nouvelle ronde. Vérifiez que chaque petit rond a bien ses 5 perles.

② Enfilez : 1 ronde sur le fil bleu, 3 rondes sur le vert, puis croisez dans la dernière perle. Ajoutez 1 ronde sur le fil vert et passez-le dans la ronde du départ. Mettez vos 2 dernières rondes sur le fil bleu puis croisez dans la ronde du départ. La base de votre bague est finie.

③ Passez vos 2 fils dans l'étoile, ajoutez 1 rocaille et repassez dans l'étoile. Tendez vos fils. Croisez vos 2 fils dans la ronde du milieu de votre base : comptez 2 perles sur votre gauche et croisez vos fils dans la suivante.
Placez les 3 autres étoiles de la même manière.

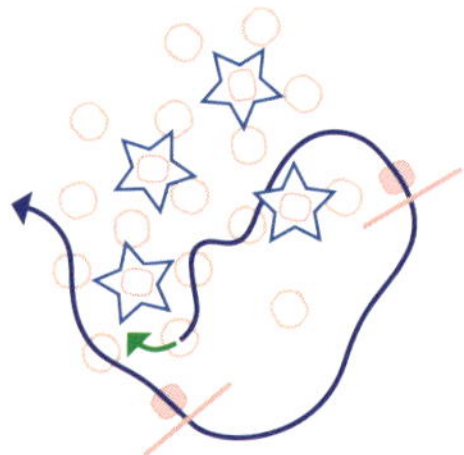

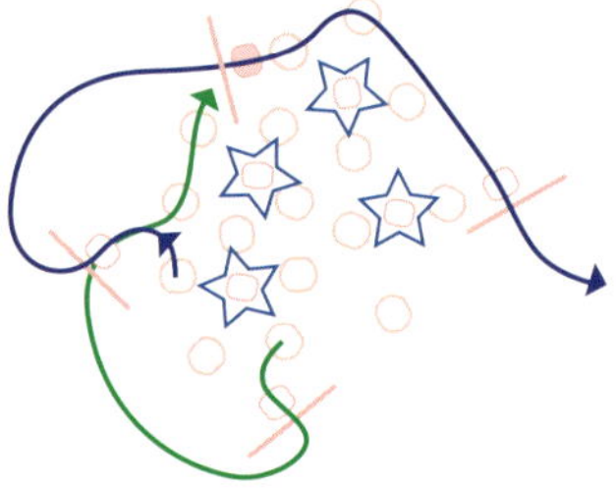

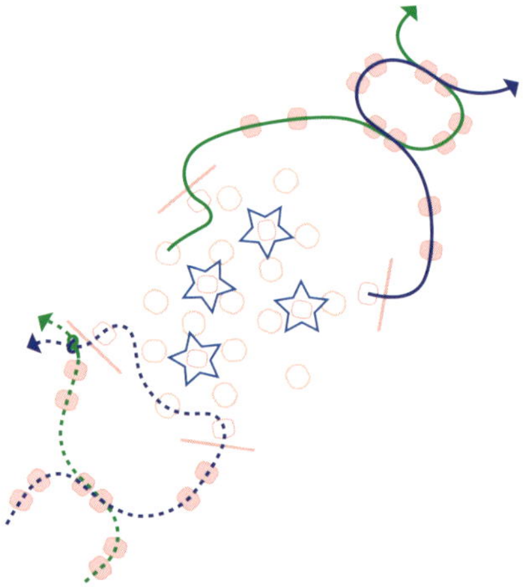

④ Passez le fil bleu à travers les deux perles de droite, ajoutez 1 rocaille, 2 paillettes rondes et 1 rocaille. Avancez-le dans les 2 rondes du bord. Placez à la main les paillettes bien à plat contre les perles.

⑤ Passez le fil vert dans la rocaille et la paillette, ajoutez 1 paillette, 1 rocaille, puis avancez dans les 2 rondes suivantes.
Passez le fil bleu dans la rocaille et la paillette, enfilez 1 paillette et 1 rocaille puis avancez-le dans les 4 perles suivantes.

⑥ Avancez le fil vert dans la rocaille et la paillette puis commencez votre tour de doigt.
Finissez en rassemblant vos 2 fils pour les nouer.

ROSES*

FOURNITURES

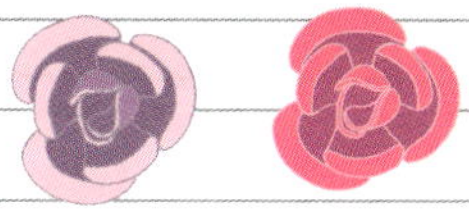

- 10 facettes de 4 mm
- 3 petites roses métal
- Rocailles
- 0,50 cm de fil de nylon de 0,25 mm

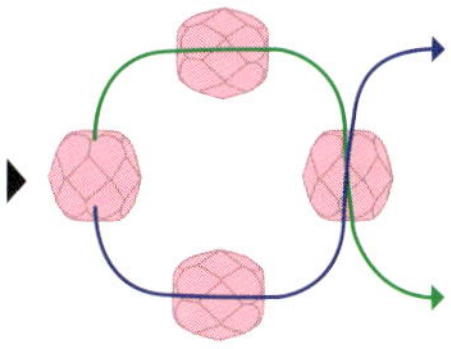

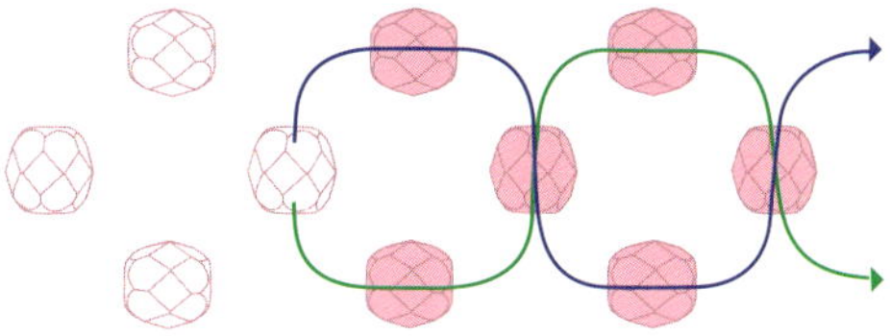

2/3

❶ Enfilez 3 facettes puis croisez vos fils dans une 4e. Vous aurez un premier petit rond.

❷ Placez 1 facette sur chaque fil puis croisez-les dans une autre facette. Voici votre deuxième rond de fait.

❸ Pour faire votre troisième et dernier rond, répétez la même méthode que précédemment. Pensez à bien serrer vos fils. La base de votre bague est finie.

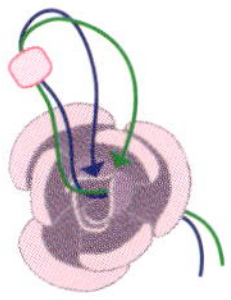

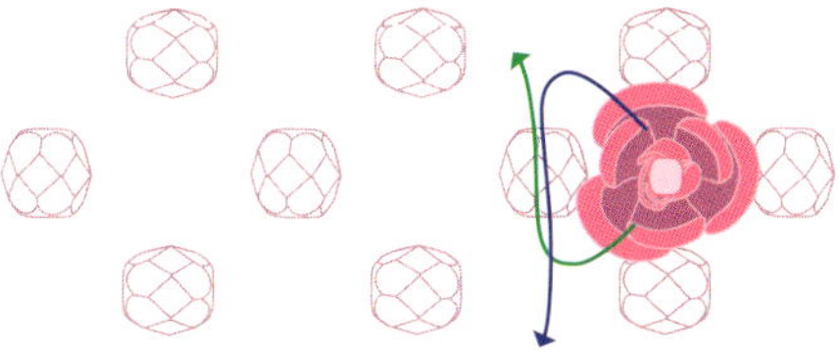

❹ Placez vos roses sur la base : Rassemblez les 2 fils, passez-les par l'arrière de la rose, enfilez 1 rocaille puis repassez les fils dans la rose.

❺ Tirez doucement les fils afin de centrer la rose sur votre base. Croisez les 2 fils dans la 2e facette du centre.

❻ Continuez de la même manière pour les 2 autres roses en croisant toujours les 2 fils dans les facettes du centre. Vos fils ressortent à l'extrémité de votre base. Faites votre tour de doigt puis croisez les fils dans la facette de droite.

❼ Pour une jolie finition, avancez vos fils dans les facettes en intercalant des rocailles. Rejoignez-les. Faites vos nœuds puis continuez de passer vos fils dans quelques perles avant de les couper.

N° de projet : 11000592
Achevé d'imprimer en mars 2005 sur les presses de l'imprimerie Clerc s.a.s. (France)
Relié par Brun s.a. (France)